AF397316

FACULTÉ DE DROIT DE PARIS

# THÈSE

POUR

# LE DOCTORAT

PAR

## LOUIS LEMOL

AVOCAT A LA COUR D'APPEL DE PARIS.

PARIS

IMPRIMERIE JULES LE CLERE et Cⁱᵉ

RUE CASSETTE, 29.

1874

A MA BONNE MÈRE

———

A MA FAMILLE

———

A MES AMIS

FACULTÉ DE DROIT DE PARIS

# DROIT ROMAIN
## DE LA MANUS

# DROIT FRANÇAIS
## DE L'INCAPACITÉ CIVILE DE LA FEMME MARIÉE

# THÈSE POUR LE DOCTORAT

PAR

## LOUIS LEMOL

**Avocat à la Cour d'appel de Paris**

Né à Argentan (Orne).

*1854*

L'acte public sur les matières ci-après sera soutenu le mercredi, 25 février 1874, à 2 heures.

Président : M. GIRAUD, inspecteur général des Facultés de droit.

Suffragants.
MM. Duverger,
Chambellan,
Gide,
Accarias,
Professeurs.
Agrégé.

PARIS

IMPRIMERIE JULES LE CLERE ET C^ie

RUE CASSETTE, 29.

1874

# INTRODUCTION

N'est-ce pas une chose étrange, quand l'humanité ne cesse d'agiter tour à tour les grands et même les petits problèmes, que le plus grand de tous, celui qui nous touche de plus près et nous importe le plus, le problème de la situation faite aux femmes par nos lois et par nos mœurs, ramené sans cesse dans les œuvres d'imagination, occupe si rarement les politiques et les philosophes ?

Jules SIMON.

Sur cent hommes vous en trouverez deux spirituels; sur cent femmes vous en trouverez une bête. Voilà la proportion.

Mme DE GIRARDIN.

« Quelle est la femme que vous estimez le plus ? demandait un jour Mme de Staël à Bonaparte. — Celle qui a beaucoup d'enfants, » lui fut-il répondu.

Il ne faut pas s'étonner après cela de l'infime situation faite à la femme dans notre société par les rédacteurs du Code civil. Dans les délibérations qui préparèrent ce monument, l'opinion du premier consul fut prépondérante : le Sénat, dont le rôle dans l'histoire des peuples a toujours été celui d'un complaisan du maître, le Corps législatif acclamaient les volontés du futur empereur ;

1

dans le Tribunat seulement quelques voix, en bien petit nombre, s'élevaient contre la tyrannie naissante, mais leur opposition demeurait étouffée par l'enthousiasme de la multitude affolée, avide d'esclavage, sous le sceptre de l'immense génie qui a rempli notre siècle de son nom.

Un mammifère un peu plus intelligent que les autres, un être destiné à la procréation, telle fut donc sur la femme l'opinion des rédacteurs du Code, tel fut leur point de départ pour régler sa condition.

Et sous cette inspiration ils font l'article 213 : « La femme doit à son mari, non pas *déférence*, mais *obéissance*. »

Ils établissent pour le mari le droit de disposer à sa fantaisie des biens de la communauté; celui-ci pourra gaspiller les économies provenant du travail de la femme, aliéner le mobilier du ménage; la femme sera réduite à la misère par les prodigalités, les débauches de celui qui devait la protéger, mais qu'importe! il ne s'agit que d'une femme, *de minimis non curat prætor!*

Puis l'article 374 : « L'enfant ne peut quitter la maison paternelle sans la permission de son père. » Pas un mot concernant la mère.

L'article 148 : « Les enfants ne peuvent contracter mariage sans le consentement des père et mère; en cas de dissentiment le consentement du père suffit. » Ainsi le père consent, la mère refuse, le mariage aura lieu malgré elle; le père refuse, elle consent, sa volonté ne servira à rien; bref, elle ne pourra ni marier son enfant ni lui interdire un mauvais choix. La femme mère est annihilée.

L'art. 308, qui punit l'adultère de la femme *en quelque endroit qu'il ait eu lieu* et l'adultère du mari seulement lorsqu'il a été commis au domicile conjugal avec une concubine entretenue dans ce domicile.

Pour justifier cette distinction inique on prétend, il est vrai, que l'infidélité de l'une a des conséquences plus graves que l'infidélité de l'autre : en manquant à ses devoirs l'épouse donnera le jour a des bâtards qui viendront, à l'égal des enfants légitimes, prendre part dans la succession du mari.

Rien n'est moins décisif. L'adultère de la femme introduit des enfants étrangers dans la famille de son mari ; mais l'inconduite du mari en introduit dans celle des autres, et pour la société considérée dans son ensemble le résultat est identique. Pourquoi alors établir une différence ? punir l'une, épargner l'autre ?...

Puis ils organisent tout le système des articles 215 et suivants relatif à l'incapacité de la femme mariée, système déplorable qui donne au mari, dont l'autorisation est requise, une arme funeste contre sa femme, ou, si celui-ci est absent, interdit, force la femme à courir les antichambres des tribunaux et lui fait perdre ainsi l'occasion favorable de contracter ; système enfin qui, en permettant à la femme de considérer comme nul et non avenu l'acte qu'elle a accompli en parfaite connaissance de cause mais sans autorisation, consacre la plus criante injustice.

Et si l'époux meurt, sa veuve, la compagne de sa vie, celle qui l'a soutenu dans ses douleurs, soigné dans ses maladies, celle-là sera rejetée au dernier rang parmi les héritiers ; elle ne viendra qu'après les cousins du douzième degré, après même la parenté simplement naturelle ; de sorte que, en cas d'acceptation d'un de ces héritiers que la loi lui préfère, elle tombera peut-être de l'aisance dans la gêne en face des successeurs de son conjoint enrichis par la fortune de celui-ci.

L'homme qui va se trouver doté d'avantages si étendus, sera du moins digne d'exercer son autorité, il mérite la confiance de la société ?... Pas du tout ! Cette puissance, la loi la donne d'avance sans examen, sans garantie, sans aucune réserve, aussi bien à une brute immonde qu'à une nature distinguée, en un mot, à celui qui se présente pour revêtir le caractère sacré d'époux et de père.

Disons pour excuser les rédacteurs du Code que l'histoire leur fournissait de puissants auxiliaires : à Rome l'*imbecillitas*, la *fragilitas sexûs* sont le thème favori des jurisconsultes ; au moyen âge on rappelle avec monseigneur S. Augustin que *la femme est une beste qui n'est pas ferme ni estable, qu'elle est hargneuse à la confusion de son mari et nourrissante de mauvaiseté.*

S. Thomas se pose gravement cette interrogation : La femme a-t-elle une âme ?

Au xvi<sup>e</sup> siècle, parmi les jurisconsultes c'était la mode de médire des femmes ; d'Argentré, savant docteur, mais véritable Caton breton, s'écrie à propos de la femme : « Il y a dans cet animal des mouvements effrénés, une colère aveugle, une impétuosité qui bouillonne, une grande pauvreté de bon sens, une extrême faiblesse de jugement, un orgueil indomptable. » (Cout. de Bretagne, *Des Mariages*, art. 410.)

Pour Pothier la femme, au regard de son mari, est une inférieure en face de son supérieur.

Et de nos jours encore ces préjugés ne sont pas dissipés : la femme n'est dans notre société qu'une sorte de joujou sans importance, indigne d'être prise au sérieux ; l'homme, au fond de son cœur, conserve pour elle un secret dédain. Qu'elle monte sur un théâtre, qu'elle offre à un public le spectacle de ses déhanchements et de ses obscénités, on l'applaudira, ce sera charmant ; mais qu'elle veuille parler dans une assemblée de morale, d'art, de littérature, oh ! alors elle sort de son rôle, les quolibets pleuvent sur la malheureuse et les journaux honnêtes et bien pensants l'accablent de railleries.

Cependant un mouvement très-sensible s'est opéré en faveur de la femme. On s'est indigné des iniquités flagrantes qu'elle subit ; la galanterie française ne se contente plus de témoigner son respect par des formules banales, par des soins polis et une admiration trop platonique, elle veut manifester son sentiment par quelque chose de plus solide, par de sages réformes dans la situation de la femme tant au point de vue politique et social qu'au point de vue civil. L'égalité de l'homme et de la femme est entrée dans la plupart des bons esprits ; j'ai tort de me servir du mot *égalité*, car elle ne saurait exister entre deux êtres absolument dissemblables, différents par leur nature, leur esprit, leurs devoirs, leur rôle dans la société ; ce qu'il faut dire c'est qu'ils sont *équivalents*. La femme doit rester femme, et on se tromperait en voulant l'assimiler à l'homme ; mais elle a des droits, et ses droits sont aussi respectables, aussi sacrés que les nôtres.

Vainement on a opposé aux innovateurs les grossesses de la femme, ses maladies fréquentes ; vainement même on s'est fait une arme contre elle de ses plus belles qualités, de son imagination vive, de son extrême sensibilité, de son naturel porté au dévouement et au sacrifice. Vainenement, et j'hésite à le rapporter, un éminent jurisconsulte n'a pas craint de descendre dans l'arène et de rompre une lance en faveur de l'assujettissement de la femme : « S'il s'agissait d'une loi à faire, dit M. Demolombe, je n'hésiterais pas à baser l'autorisation maritale sur la faiblesse et l'inexpérience de la femme. » En vérité, seuls les célibataires endurcis pourront applaudir à ces lignes, qui rappellent le libéralisme et la grandeur d'idées des docteurs du moyen âge.

Ah ! que je préfère de beaucoup l'opinion d'un brillant professeur dont s'honore notre École, M. Gide ; qu'il me semble avoir été bien mieux inspiré lorsqu'il écrivait ce qui suit : « Nul changement ne s'est accompli dans la condition particulière de la femme, sans réagir aussitôt sur la constitution de la société tout entière.

« Partout où l'homme a dégradé la femme, il s'est dégradé lui-même ; partout où il a méconnu les droits de la femme, il a perdu lui-même ses propres droits.

« Ainsi, dans les pays où la femme est traitée en esclave, l'homme a perdu le sentiment et jusqu'à la notion de la liberté. On le voit par les pays d'Orient, où règne la polygamie, et qui sont, comme dit Montesquieu, la vraie patrie du despotisme : la femme y appartient à l'homme, mais l'homme à son tour appartient au despote. Tyran dans son sérail, il est esclave partout ailleurs.

Partout, au contraire, où les constitutions ont assuré à la femme la liberté, la capacité, la dignité morale, on a vu fleurir, comme sur un sol propice, les vertus domestiques et les vertus civiques, les libertés de l'homme privé et les libertés du citoyen. » (*Etude sur la condition privée de la femme.*)

La science contemporaine a fait bonne justice des résistances de nos adversaires ; de nombreux écrivains ont étudié attentivement la nature de la femme, son caractère, ses qualités et aussi ses défauts ; tous sont tombés d'accord pour reconnaître ses aptitudes intellectuelles presque toujours égales, parfois supérieures à celles de l'homme.

Qui ne connaît des ménages où le mari, incapable ou adonné à ses plaisirs, est suppléé par sa femme dans l'administration des biens de la famille ? Et ces ménages ne sont pas ceux qui prospèrent le moins. Ne rencontre-t-on pas chaque jour dans le commerce, dans l'industrie même, des femmes dont les talents sont souvent plus appréciés que ceux des hommes ? Et aussi dans les arts, dans la littérature n'en voit-on pas montrer leur valeur intellectuelle par leurs ouvrages, ce qui est à coup sûr une excellente manière de convaincre les sceptiques. L'on se souvient de cette sublime Émilie, marquise de Châtelet, qui ne craignit pas de suivre Newton dans les hauteurs prodigieuses où s'éleva son génie et entreprit de révéler à la France la théorie du nouveau système du monde. Nous avons tous lu les œuvres de Mme de Sévigné, de Mme de Staël, de Mme de Girardin, de Mme George Sand, et admiré les tableaux de Rosa Bonheur. Eh bien ! chacune de ces femmes de génie, Mme George Sand, je suppose, mariée à un sot, pourra composer d'immortels chefs-d'œuvre et sera incapable d'aliéner une bicoque de 200 à 300 francs sans la permission de son triste époux! Voilà le résultat qu'amène la législation qui nous régit, voilà contre quelle étrange anomalie je m'élève de toutes mes forces, et ce n'est qu'un exemple entre mille des inconséqnences, des injustices du Code.

Toutefois, après avoir constaté ce mouvement généreux des plus grands écrivains et juristes de notre époque, il est pénible d'ajouter que jusqu'ici les protestations, les efforts sont demeurés stériles. Le Code reste intact, protégé par je ne sais quel culte superstitieux et aussi par cette force invaincue, l'immuable, la triomphante Routine.

Je ne vais certes pas jusqu'à affirmer que tout est mauvais dans notre Code, qu'il faudrait faire *table rase*; seulement il me semble qu'il y a de nombreuses et importantes modifications à y introduire. Conçu à une époque de réaction violente, le Code penche sans cesse, notamment dans le sujet que j'ai entrepris de traiter, vers des idées absolues. Était-ce nécessaire? je ne le pense pas, sans vouloir l'approfondir. Ce qui est certain, c'est que depuis soixante-dix ans la civilisation, les idées ont progressé rapidement, ce qui était bon peut-être au commencement du siècle est maintenant inique et détestable, et réclame du législateur une prompte réforme.

J'ai donc intention d'exposer le système établi par le Code relativement à la condition de la femme et spécialement de la femme mariée; puis j'exposerai et discuterai les réformes qu'il serait, à mon avis, convenable d'y apporter au point de vue civil.

J'aurais désiré auparavant, parler de sa condition politique et sociale, et là avec l'autorité des Victor Hugo, des Jules Favre et des Stuart Mill, dont le génie et l'éloquence dominent le monde, j'aurais demandé que pour les femmes l'ignorance ne fût pas érigée en système, ce qui est souverainement injuste, et, de plus, funeste pour un peuple; car, ainsi qu'on l'a fort bien dit : « Celui qui instruit un homme, instruit un homme qui mourra demain, mais celui qui instruit une femme, instruit toute une génération. »

Est-il en effet rien de plus bizarre que de voir comment on règle l'éducation des jeunes filles? tout sentiment, toute initiative leur sont interdits; ne rien dire, ne rien penser, tel est le programme imposé; on pensera, on parlera, on agira pour elles. Que la pauvre enfant se garde bien de faire paraître qu'elle a un cœur, de l'esprit, du jugement; elle cesserait d'être *la demoiselle comme il faut.*

Histoire, littérature, sciences, morale?... là-dessus ignorance complète. Ὦ οἵα κεφαλή ! καὶ ἐγκέφαλον οὐκ ἔχει.

Pourvu qu'elle soit riche, cela suffira :

Dos est magna parentum virtus. (HORACE, *lib.* III, OD. 4.)

Quelques-unes, le petit nombre, connaîtront la théorie du pot-au-feu, ce que j'approuve, à condition qu'elles sachent autre chose; la plupart auront passé leur jeunesse à écorcher quelques sonates sur le piano et à chiffonner coquettement des rubans. Voilà celles qui vont devenir épouses, celles qui élèveront nos enfants !

Étonnez-vous si, trop souvent, hélas ! l'époux cherche

bientôt au dehors des distractions que le monde réprouve, mais que la perte du bonhenr rêvé explique, si elle ne les justifie.

J'aurais réclamé pour qu'on leur ouvrît les professions publiques qui leur demeurent obstinément fermées par l'orgueil et la tyrannie des hommes, et aussi pour que les droits de vote et d'éligibilité leur fussent accordés. Ne sont-elles pas soumises aux lois? pourquoi ne les feraient-elles pas? elles payent des impôts, pourquoi ne pas leur permettre de les voter? elles doivent s'incliner devant les décisions de la justice, et la magistrature leur est fermée! Le soldat combat, il ne perd pas ses droits de citoyen; le prêtre prie, il est électeur et éligible. Enfanter vaut bien se battre et prier; et pourquoi dès lors refuser à notre mère, à notre femme le droit de se mêler à la gestion des affaires publiques? N'y est-elle pas immensément intéressée de toutes manières? Vous la trouverez, la pauvre femme, une guerre lointaine étant déclarée, vous la trouverez pour lui arracher son enfant et l'envoyer servir le despotisme ou l'ambition d'un souverain. Avant de lui enlever le soutien et la consolation de sa vieillesse ne serait-il pas bon qu'elle fût consultée? n'a-t-elle pas un esprit aussi sage, souvent même plus fin et plus perspicace que celui de beaucoup d'hommes qui font partie du corps électoral?

« Au lieu de prolonger follement leur jeunesse, écrivait au siècle dernier le moraliste Chesterfield, les femmes devraient devenir d'*aimables et honnêtes hommes*, et si elles pouvaient entrer au Parlement, je ne m'y opposerais en aucune façon. »

Mais ce sujet m'entraînerait trop loin; il comporte des

questions multiples, toutes hérissées de difficultés ;
d'ailleurs la discussion des droits politiques et sociaux des
femmes ne serait pas à sa place dans cette Thèse destinée
à traiter de leur condition civile. Toutefois, avant de terminer cette introduction, je ne résiste pas au plaisir de citer plusieurs fragments d'une lettre de notre poëte le plus
illustre et le plus aimé :

« Il est douloureux 'e le dire, dans la civilisation ac-
tuelle il y a une es.....e. La loi a des euphémismes: ce que
j'appelle une esclave, elle l'appelle une mineure ; cette
mineure selon la loi, cette esclave selon la réalité, c'est
la femme. L'homme a chargé inégalement ces deux pla-
teaux du Code dont l'équilibre importe à la conscience
humaine; l'homme a fait verser tous les droits de son
côté et tous les devoirs du côté de la femme. De là un
trouble profond. De là la servitude de la femme. Dans
notre législation telle qu'elle est, la femme ne possède
pas, elle n'este pas en justice, elle ne vote pas, elle ne
compte pas, elle n'est pas. Il y a des citoyens, il n'y a pas
de citoyennes. C'est là un état violent, il faut qu'il cesse.

. . . . . . . . . . . . . . . .

« Nous, philosophes, nous, contemplateurs de l'idéal social, ne nous lassons pas. Continuons notre œuvre. Étudions
sous toutes ses faces, et avec une bonne volonté crois-
sante, ce pathétique problème de la femme dont la solution résoudrait presque la question sociale tout entière.
Apportons dans l'étude de ce problème plus même que la
justice, apportons-y la vénération, apportons-y la com-
passion. Quoi ! il y a un être, un être sacré, qui nous a
formés de sa chair, vivifiés de son sang, nourris de son

lait, remplis de son cœur, illuminés de son âme, et cet être souffre, et cet être saigne, pleure, languit, tremble. Ah ! dévouons-nous, servons-le, défendons-le, secourons-le, protégeons-le ! Baisons les pieds de notre mère !

« Avant peu, n'en doutons pas, justice sera rendue et justice sera faite. L'homme à lui seul n'est pas l'homme ; l'homme, plus la femme, plus l'enfant, cette créature une et triple constitue la vraie unité humaine. Toute l'organisation sociale doit découler de là. Assurer le droit de l'homme, sous cette triple forme, tel doit être le but de cette providence d'en bas que nous nommons la loi.

« Redoublons de persévérance et d'efforts. On en viendra, espérons-le, à comprendre qu'une société est mal faite quand l'enfant est laissé dans la misère, quand la femme est maintenue sans initiative, quand la servitude se déguise sous le nom de tutelle, quand la charge est d'autant plus lourde que l'épaule est plus faible ; et l'on reconnaîtra que même au point de vue de notre égoïsme, il est difficile de composer le bonheur de l'homme avec la souffrance de la femme. »

Victor HUGO.

# PREMIÈRE PARTIE

---

# DROIT ANCIEN

---

## CONDITION DE LA FEMME CHEZ LES ANCIENS PEUPLES.

Dans les sciences morales, à l'exception d'un petit nombre de vérités primordiales, espèces d'axiomes, sur lesquels tout le monde est d'accord, il y a des idées qui, sous l'influence des siècles, des passions, de la civilisation, ont varié considérablement. Dès lors on comprend l'utilité et l'intérêt de l'histoire venant rappeler les diverses transformations de telle ou telle institution. C'est elle qui nous instruit de ce qu'ont fait de bien et de mal nos aînés dans le chemin de la vie, nous engage à les imiter dans leurs bonnes actions et à éviter leurs fautes. L'histoire sert donc non-seulement à compléter, à éclairer le présent, elle contribue aussi à l'améliorer et à faciliter notre marche vers l'avenir.

Cette double utilité de l'histoire est évidente en ce qui regarde le droit, car le droit est une science morale.

« L'histoire est aux lois ce qu'est la lumière aux objets qu'elle colore, » disait le premier président Henrion de Pansey (*Eloge de Dumoulin.*) Aussi dans la Faculté de Paris d'éminents professeurs enseignent l'histoire du droit, le droit romain, le droit coutumier, qui contiennent en germe la majeure partie de notre droit actuel.

---

# LIVRE PREMIER

### LÉGISLATION ORIENTALE.

Dans toutes les législations orientales, à l'exception de celles de la Grèce, on voit l'idée de l'infériorité de la femme parfaitement établie et produisant ses effets. La cause en est dans l'esprit d'humilité, de subordination qui anime, disons mieux, qui dégrade ces peuples incivilisés, dont les classes supérieures tiennent les classes inférieures en quasi-esclavage.

Il y a au fond du cœur de l'homme un peu de lâcheté et de cruauté qui finit par se développer lorsque l'éducation n'y met pas bon ordre : l'homme de l'Orient, dominé par ses despotes est heureux de faire parade à son tour, vis-à-vis d'un autre être, de sa force et de son pouvoir ; la tyrannie qu'il subit, il l'exerce sur sa compagne ; de là la condition si précaire de la femme en Orient.

# CHAPITRE PREMIER

### DE LA FEMME EN CHINE.

La législation chinoise, la plus ancienne du monde, est aussi la plus ignorée ; il n'y a en effet dans l'empire qu'un Code, le Code pénal, qui ne s'occupe guère que des peines corporelles. Les Chinois sont punis à coups de bâton, et Montesquieu écrit en plaisantant « que les Chinois sont un peuple à qui on ne fait rien faire qu'à coups de bâton. » (*Esprit des Lois*, l. VIII, ch. XXI.) Le reste de la législation est épars dans des ordonnances innombrables. J'avoue que j'ai hésité à compulser ces textes, et comme je n'entends le chinois en aucune façon, j'ai préféré m'en rapporter aux auteurs qui ont décrit la Chine, et surtout aux *Mémoires des missionnaires de Pékin*.

Un ouvrage appelé *Nieu-Kié-tsi-pien*, des plus estimés en Chine, et composé, chose bizarre, par une femme, commence en ces termes : « Nous tenons le dernier rang de l'espèce humaine ; nous sommes la partie la plus faible du genre humain ; les fonctions les plus humbles doivent être et sont notre partage. » L'auteur, qui est une femme, admet ainsi sans débat l'infériorité de son sexe : c'est en quelque sorte de droit naturel.

L'obéissance est une vertu, un devoir pour elle, et non-seulement l'obéissance de la femme envers son époux, de la fille envers ses parents, mais même des veuves envers leurs fils.

Les Chinois achètent-ils leurs femmes ?

Le père donne sa fille moyennant une somme plus ou moins considérable selon la fortune, la situation personnelle de l'époux et du père ; une minime partie de cet argent est employée à acquérir le trousseau, le père garde le reste.

Si ce n'est pas là une vente véritable, c'est certainement quelque chose qui y ressemble énormément.

La Chinoise mariée entre dans la famille de son mari et perd la sienne propre qu'il lui est même interdit de revoir désormais. En se mariant elle ne conserve point son nom, elle n'a plus rien en propre ; ce qu'elle porte, ce qu'elle est, sa personne, tout appartient à son époux (art. 5 du *Nieu-Kié-tsi-pien*).

Et dans le *Livre des lois pour le sexe* (Nieu-hien-chou) je lis : « La femme sera dans la maison comme une ombre et un simple écho. »

---

## CHAPITRE II.

### DE LA FEMME DANS L'INDE.

L'Europe connaît surtout la législation indienne par le livre appelé *Lois de Manou*. On a cru longtemps, à tort, que c'était un code ; je le comparerais plutôt au Coran de Mahomet : il règle en effet la conduite civile, morale, religieuse de l'homme.

La position sociale des femmes indiennes n'est pas digne d'envie. Leur incapacité est générale et perpétuelle : pendant son enfance la femme dépend de son père ; pendant sa jeunesse, de son mari ; veuve, de ses fils ; si elle n'a pas de fils, des proches parents de son mari : elle ne doit jamais se gouverner elle-même. N'aperçoit-on pas là une ressemblance assez marquante avec le *Mundium* germanique? et rien n'est moins étonnant si l'on se souvient que les Germains sont issus de la race indo-germanique.

Le mari a un pouvoir absolu : « La femme doit révérer le mari comme un dieu, dit Manou, même s'il est infidèle. » Avec l'esprit si profondément religieux, fanatique même de ces peuples, de quel respect l'homme n'est-il pas entouré, d'après cette prescription !

La femme ne doit pas survivre à son époux, et celui-ci mort, elle périt sur le bûcher. C'est là une coutume encore très enracinée; celle qui refuserait de s'y soumettre serait déshonorée. Je dis que c'est une coutume, car à ce sujet les lois de Manou sont muettes. Manou engage seulement la veuve à la plus stricte fidélité envers le défunt : « Une femme qui désire obtenir le même séjour de félicité que son mari, ne doit rien faire qui puisse lui déplaire, soit pendant sa vie, soit après sa mort.... Après avoir perdu son époux, qu'elle ne prononce pas le nom d'un autre homme. »

Trois mille ans se sont écoulés depuis Manou, sans que de grandes modifications aient été apportées à ses lois. Bouddha, qui tenta par son exemple et ses discours de régénérer l'Inde, ne tourna pas son attention vers le triste état auquel la femme était réduite. Il prêcha la charité, l'humilité, le dévouement, vertus jusqu'alors inconnues; mais il s'arrêta là : dans le bouddhisme, la femme est aussi avilie qu'autrefois.

<hr>

# CHAPITRE III.

### DE LA FEMME EN PERSE.

Zoroastre est le suprême législateur de la Perse : « La femme, ordonne-t-il dans son livre, *Zend-Avesta*, doit respecter son mari pour ainsi dire comme un dieu. » Et ce n'est pas une formule vaine, car plus loin il s'explique : il veut que le matin, sortant du lit conjugal, elle se prosterne devant son époux pour lui démander ses ordres.

Dans les temps les plus reculés la femme n'était pas dotée, elle recevait seulement de ses parents quelques vêtements et des bijoux selon leur fortune. Quant au mari, il a toujours donné un douaire assez important (*Zoroastre, Confucius et Mahomet*, par M. de Pastoret, p. 80).

L'inégalité qui résultait de cette différence entre le mari et la femme était trop choquante pour qu'on n'y cherchât point remède ; aussi la femme finit par être obligée d'apporter une dot ; l'ancien usage disparut (*Zend-Avesta*, p. 102).

# CHAPITRE IV.

### DE LA FEMME EN TURQUIE.

De Zoroastre à Mahomet la transition est naturelle.

Zoroastre exigea que le mariage fût consacré par la religion ; c'était une innovation considérable. Mahomet établit un principe tout différent : pour lui le mariage est purement civil, et même il va plus loin : « Le désir d'épouser une femme suffit pour l'autoriser ; le consentement des parents n'est pas nécessaire. » (*Coran*, CH. II, V. 215.)

Ainsi s'explique la grande variété qui règne dans les mariages turcs : ici des femmes sont mariées avec leur consentement et avec celui de leurs parents, là des esclaves sont élevées par le caprice du maître au rang d'épouses ; autre part des jeunes filles sont enlevées de force, et le ravisseur les conserve dans son harem.

Mahomet a envisagé la femme comme une esclave. « Le mari peut la répudier, la frapper si elle désobéit. » (*Coran*, CH. IV, 138.)

« Les femmes sont votre champ, cultivez-le de la manière dont vous l'entendrez. » (CH. II, V. 222, *loc. cit.*)

Et plus loin : « Les hommes sont supérieurs aux femmes à cause des qualités par lesquelles Dieu a élevé ceux-là au-dessus de celle-ci, et parce que les hommes emploient leurs biens à doter leurs femmes. » (CH. IV, V. 3.)

Il résulte certainement de ce dernier texte que c'est le mari qui doit la dot, proportionnée à ses facultés ; s'il est pauvre, la femme pourra lui en faire remise. (CH. II, V. 236.)

L'administration de la dot appartient à la femme si le mari y consent. C'est là une disposition assez extraordinaire, qui contraste avec l'opinion défavorable que Mahomet avait de la femme.

Enfin je note en terminant que la femme a un droit dans une partie de la succession de son mari. (CH. II, V. 241, CH. IV, V. 8.)

De son côté le mari, si sa compagne ne laisse pas d'enfant, succède à la moitié de ses biens propres ; si elle laisse des enfants, le mari prend le quart. (ch. iv, v. 13.)

---

## CHAPITRE V.

### DE LA FEMME CHEZ LES JUIFS.

Dans son *Histoire de la Législation*, M. de Pastoret émet l'avis que la femme était achetée par son mari (t. IV, c. xxxii). M. Salvador (*Hist. des Institutions de Moïse et du peuple hébreu*) a combattu cette opinion; mais, passant à un système tout opposé, il affirme que la femme était l'égale de l'homme. C'est là une erreur manifeste, et il suffit, pour s'en convaincre, de lire le chapitre iii, v. 16 de la *Genèse*, où Dieu, après la faute de la femme, lui adresse ces paroles : « L'homme sera ton maître et tu seras forcée de lui obéir.» Cette idée de la subordination de la femme se trouve d'ailleurs à chaque pas dans l'Ancien Testament.

La femme n'était point vendue à son mari ; cependant il existait dans la nation juive un usage bizarre. Le mari devait à sa femme le prix de sa virginité, et ce prix, fixé ordinairement à 200 zuzimes, composait sa dot (*Exode* ch. xxi, v. 10). De plus elle recevait une sorte de donation *ante nuptias ;* si cette donation n'avait pas été faite, l'union n'était plus qu'un concubinat.

Je conclus de là que la femme juive, ce qui contraste avec l'incapacité des femmes de presque tout l'Orient, pouvait avoir des biens pendant son mariage, biens dont le mari avait l'usufruit (*Mischna*, ch. viii, p. 83).

Terrible était la sanction du pouvoir marital sur la personne de la femme : le mari pouvait répudier la femme qui refusait d'obéir ; il le pouvait même si elle lui déplaisait, *propter aliquam fœditatem*. (*Deutéronome*, ch. xxiv, v. 7.)

Quelle était la capacité de la femme quant à ses biens, voici les renseignements que nous fournissent la *Mischna* et les Commentaires de Surenhusius :

Si la femme a vendu un bien connu du mari, ce dernier peut réclamer les fruits aux acheteurs, car ils lui appartiennent, puisqu'il est usufruitier ; il ne peut revendiquer le bien même, car il ne lui appartiendra peut-être pas ; mais si la femme meurt pendant le mariage avant son conjoint, celui-ci devient son héritier, et comme dès lors c'est un bien à lui qui se trouve avoir été vendu, il le revendiquera légitimement moyennant restitution du prix d'achat, si toutefois ce prix n'a pas été dissipé. Pour les biens que le mari ne connaît pas, la femme a pouvoir de les aliéner. (*Mischna*, chap. viii, p. 83.)

Cependant la loi contient quelques mesures de protection pour la femme, même esclave. « Si un homme, ayant pour concubine une esclave juive, épouse une autre femme, il ne retranchera rien de la nourriture de l'esclave et ne manquera à aucun des devoirs conjugaux envers elle. » (*Exod.* ch. xxi, 10-11.)

Enfin la mère a autorité sur ses enfants. (*Deutéronome*, ch. xxi, 18.)

Par ce qui précède on voit que la femme, chez le peuple

hébreu, était bien plus favorablement traitée que dans la plupart des autres nations de l'Orient : on ne l'achetai point comme un vil bétail, elle était libre et il lui était permis d'être propriétaire.

---

## CHAPITRE VI.

### DE LA FEMME DANS L'ANCIENNE GRÈCE.

Aristote dans sa *Politique* (**L. I, CH. I**), observe que chez les barbares (pour les Grecs et les Romains étaient barbares tous les peuples qui n'avaient point le *jus civitalis*), la femme et l'esclave sont des êtres de même rang.

Platon, en composant sa *République* (liv. V), écrit que la femme mérite de partager l'éducation et les fonctions de l'homme.

Sous l'influence de ce philosophe au génie presque divin, la Grèce devait se donner des institutions plus douces, plus humaines ; de là découle la différence profonde qui sépare la condition de la femme chez les Hellènes et chez les barbares.

Cependant, dans les temps primitifs, la femme, comme partout, était achetée par son mari (Aristote, liv. II, CH. V). Homère appelle les jeunes filles ἀλφεσίβοιαι, c'est-à-dire rapportant des bœufs à leurs parents. Mais cela dura peu : en 1643 avant Jésus-Christ, Cécrops aborde dans l'Attique et a l'honneur d'instituer le mariage qui se répandit promptement dans toute la Grèce.

Les femmes mariées vivaient assez retirées du monde au fond du gynécée ; mais cette solitude n'était point, comme celle des femmes asiatiques, imposée par la jalousie et la tyrannie des hommes ; elle était volontaire, commandée par un sentiment très-louable de pudeur et de retenue.

Il y avait pourtant une certaine classe de femmes auprès desquelles accourait tout ce que la Grèce renfermait de plus illustre, c'étaient les courtisanes. Leur société offrait aux philosophes, aux orateurs ces plaisirs de l'esprit dont ils étaient si avides, et elle ne fut pas sans exercer une notable influence sur les mœurs et même sur le génie de la Grèce. Périclès et Socrate furent les disciples d'Aspasie ; Laïs seule eut quelque pouvoir sur le caractère capricieux et indomptable d'Alcibiade.

D'abord la dot se borna à quelques présents que l'époux offrait à sa fiancée ; l'usage contraire s'établit, le législateur, pour exciter l'homme au mariage, décida que toute femme serait dotée, et la femme fut épouse ou concubine selon qu'elle apportait, ou non, une dot. Dion Chrysostome (ch. xv, 4) définit la femme légitime :

ἀστὴν ἐξ ἀστῶν καὶ προῖκα ἱκανῶν ἐπενηνεγμένην.

Solon avait défendu aux Athéniennes d'apporter plus de trois robes et seulement quelques ustensiles de ménage. « Il ne voulait pas, dit Plutarque (*Vie de Solon*), que la richesse engageât les hommes à épouser des femmes riches qu'ils n'aimeraient pas, ni que la pauvreté empêchât les femmes de trouver des maris. » Mais la dot n'en devint pas moins de droit commun à Athènes.

Le mari était le maître de cette dot, sous l'obligation d'entretenir sa femme et ses enfants et, à la dissolution du mariage, de restituer le capital.

La femme était frappée d'une incapacité générale; elle était sous la puissance du père, ou, suivant les circons-tances, du mari, ou de son héritier, ou, à leur défaut, sous la tutelle de l'État. Remarquez que le pouvoir s'étend et sur les biens et sur la personne : le tuteur pouvait même contraindre sa pupille à épouser l'homme qu'il lui destinait, la femme était dans une situation entièrement passive.

Mais d'un autre côté le sexe a des avantages nombreux : d'abord la polygamie est prohibée; il est vrai qu'on autorise le mari à garder, s'il lui convient, une femme légi-time et une concubine ; mais c'est déjà une tendance, un commencement d'amélioration; une seule femme a le titre et les droits d'épouse, l'autre ne compte pas aux yeux de la société. L'égalité existait entre les deux époux : la loi punit l'adultère du mari, aussi bien que l'adultère de la femme; le mari peut divorcer, la femme a pareil droit.

Enfin, je l'ai remarqué plus haut, le mari, après avoir joui de la dot durant le mariage, est obligé, à sa disso-lution, de la rendre à la personne qui l'a constituée.

A Sparte Lycurgue ne voulut pas que la richesse vînt amollir les cœurs de ses compatriotes, et il défendit aux hommes de recevoir une dot, quelque faible qu'elle fût. Il donna à la femme une capacité égale à celle de l'homme; et comme une étrangère en manifestait un jour son étonnement à Gorgone, épouse de Léonidas, elle lui répondit : « Aussi il n'y a que nous qui portions des hommes. » (Plutarque, *Vie de Lycurgue.*)

# DROIT ROMAIN

> L'étude du Droit Romain est la source la plus féconde et la plus pure de l'érudition juridique ; elle est le prolégomène indispensable de la science du Droit. M. Ch. GIRAUD.
> (*Histoire du Droit Romain*, p. 8.)

A Rome la situation de la femme était différente suivant qu'elle était, ou non, sous la *manus* du mari.

Tantôt sa personnalité disparaît, elle se confond dans celle du mari, il y a mariage avec *manus* ; tantôt, quoique mariée, la femme demeure libre, et alors ce mariage a été appelé par les modernes Mariage libre.

La *manus* était donc un pouvoir du mari sur la femme, pouvoir qui produisait certains effets juridiques sur sa personne et sur ses biens.

Je diviserai cette matière en sept chapitres :

1° Origine de la *manus* ;

2° De quelles manières elle s'acquiert.

3° Ses effets ;

4° De la *Manus fiduciæ causa* ;

5° De quelles manières elle finit ;

6° Du mariage libre ;

7° Résultats de la disparition de la *manus*.

Avant d'entrer dans les détails de mon sujet, je ferai remarquer qu'il fallait deux conditions pour qu'une femme pût passer sous la *manus* de son mari :

1° Qu'elle fût *civis Romana;*

2° Que son mari fût *civis Romanus.*

De même que la puissance paternelle, le pouvoir marital était un droit compris dans le *jus civitatis*, qu'un pérégrin ne pouvait posséder. Le Latin Junien même n'avait pas ce droit, car il n'avait pas le *jus civitatis*, bien qu'il eût le *connubium.*

***

## CHAPITRE I".

### ORIGINE DE LA *manus*.

La *manus* remonte à la plus haute antiquité ; ce n'était, selon Gaïus, ni la loi des Douze-Tables ni les édits des préteurs qui l'avaient introduite : elle dérivait de l'usage, *eo jure quod consensu receptum est* (Com. III, § 82).

Je ferais volontiers remonter l'origine de la *manus* jusqu'à l'enlèvement des Sabines par les soldats de Romulus. Ainsi conquises par la violence, les femmes furent au pouvoir de leurs ravisseurs et traitées presque en esclaves : la *manus* ne fut qu'un souvenir éloigné de la conquête violente qui avait peuplé d'épouses les cabanes désertes des bandits romains.

Festus confirme cette hypothèse : il raconte qu'aux noces on séparait les cheveux de la jeune épouse avec la pointe d'un javelot. Cette *hasta*, symbole de la propriété quiritaire, n'est-ce pas une trace de l'état de choses qui existait au commencement de Rome ?

Je dois dire que mon système est combattu par presque tous les auteurs, mais j'avoue que l'argumentation de mes adversaires ne m'a pas convaincu.

Cependant ne pourrait-on pas encore raisonner ainsi ?

Chez une nation de mœurs rudes et guerrières la force est surtout considérée et devient la source de tous les droits. La force étant le privilége du père, du mari, la femme, comme les enfants, tombèrent sous cette domination, qui d'abord fut absolue et arbitraire. Mais peu à peu l'influence des mœurs se fit sentir sur la législation ; ces sortes d'autorités s'adoucirent, se transformèrent en puissance paternelle sur l'enfant ou en *manus* du mari sur la femme. Telle serait encore une hypothèse des plus simples et des plus vraisemblables sur l'origine de ce pouvoir.

## CHAPITRE II.

### DE QUELLE MANIÈRE S'ACQUIERT LA MANUS.

J'ai dit plus haut que le droit romain distinguait deux sortes de mariages : mariage avec *manus* et mariage sans *manus*.

On aurait tort de croire que cette distinction portait sur le fait même du mariage, et que les *justæ nuptiæ* tantôt produisaient la *manus* et tantôt point. La *manus* n'était pas le résultat du mariage, elle naissait à côté, mais indépendante de lui, et cela au moyen de certains actes indiqués par Gaïus : *Olim tribus modis in manum conveniebant : farreo, coemptione, usu.* (Com. I, § 110.)

### 1° *Confarreatio.*

C'était une cérémonie religieuse, un sacrifice fait par les époux à Cérès. Devant dix témoins un gâteau de farine, *farreus panis* (d'où le nom de *confarreatio*), était partagé entre les deux époux comme une sorte de communion ; puis des paroles solennelles étaient prononcées, et les dix citoyens représentant sans doute les curies du peuple romain étaient témoins de ce qui s'était passé.

La *confarreatio* était-elle exclusivement réservée aux patriciens ?

Je suis très-porté à résoudre affirmativement cette question. Pendant de longues années le culte public fut entre les mains des patriciens, qui se gardaient bien de laisser les plébéiens empiéter sur leur priviléges ; or la *confarreatio* avait un caractère religieux bien marqué, tous les auteurs le rapportent, et alors dans quel but les plébéiens auraient-ils usé de la *confarreatio,* puisqu'ils n'é-taient pas aptes à remplir les fonctions auxquelles cette cérémonie ouvrait accès ?

La *confarreatio* produisait la *manus* ; ce n'était pas son principal but : les hautes dignités sacerdotales, celles de flamines de Jupiter, de Mars, de Quirinus, ne pouvaient être remplies que par des citoyens issus de parents mariés avec *confarreatio;* aussi tous les mariages des patriciens étaient dans les premiers siècles de Rome accompagnés de cette cérémonie.

Mais, sous l'empire, elle commença à tomber en dé-suétude : Tacite nous apprend que sous Tibère ces mariages devinrent de plus en plus rares, d'abord à cause des difficultés, *cærimoniæ difficultates*, et surtout parce que la femme ne voulait plus tomber sous le pouvoir du mari. Une loi décida que la femme du grand flamine Dialis ne serait *in manu* que *ad sacra;* quant au reste, elle conserverait sa liberté comme les autres femmes. (Ann. Liv. IV, titre 16). Dans la suite on se conforma à cette loi jusqu'à la disparution de la *confarreatio ;* elle durait encore du temps de Gaïus, qui en parle dans ses Commentaires ; il est probable qu'elle disparut complétement sous l'influence du christianisme.

## 2° *Coemptio.*

La *coemptio* a lieu au moyen d'une vente simulée *per quamdam imaginariam venditionem, adhibitis non minus quam quinque testibus, civibus Romanis puberibus, item libripende præter mulierem eumque cujus in manum venit.* (Gaïus, *Com.* I, § 113). La femme est vendue et le mari l'achète. L'achat de la femme fut en effet la première formule du mariage, et je l'ai montré en vigueur chez presque tous les peuples dans leur période d'enfance.

Des auteurs, entre autres M. Troplong (*Préface du contrat de mariage*), ont soutenu que la vente était réciproque, et que, dans un but d'égalité, la femme achetait son mari tout aussi bien que le mari achetait sa femme.

Cette opinion s'appuie surtout sur un texte de Nonius, *De proprietate* (*Sermon* XII, 50) : « Nubentes veteri lege Romana asses tres ad maritum veniens solebat adferre ; atque unum quem in manu tenebat, tamquam emendi causa, marito dare ; alterum quem in pede habebat, in foco Larium familiarium ponere ; tertium in sacciperio quem condiderat, compito vicinali solere resonare. »

La femme, en donnant un as à son mari, semblait donc l'acheter, *tamquam emendi causa*.

Voici ce que je réponds :

Nonius parle d'un achat, c'est vrai, mais il n'indique point quel en est l'objet ; n'est-ce point plutôt la protection du mari ? La femme, au moyen de deux as placés au foyer de la maison ou sur l'autel du carrefour voisin, était cen- sée acheter la bienveillance des dieux lares de sa nou- velle famille et celle des dieux protecteurs du quartier ; pourquoi n'aurait-elle pas, au moyen du troisième as, feint d'acheter la protection de son mari ?

Et puis ce texte est général, il vise tous les mariages, même ceux que n'accompagnait point la *coemptio ;* or ira- t-on jusqu'à dire que dans un but d'égalité la femme achetait son mari lorsque celui-ci ne l'achetait pas elle- même ?

On invoque encore un texte de Boëce (*Comm. sur les Topiques de Cicéron*) :

« Coemptio certis solemnitatibus peragebatur et *sese in coemendo invicem*, interrogabant, vir ità : an sibi mulier ma- terfamilias esse vellet? illa respondebat velle. Item mulier interrogabat an vir sibi paterfamilias esse vellet ? ille re- spondebat velle. Itaque mulier in viri conveniebat manum et vocabantur hæ nuptiæ coemptionem, et erat mulier materfamilias viro loco filiæ. »

Enfin un texte d'Isidore :

« Antiquus nuptiarum ritus erat quod se maritus et

uxor *invicem emebant*, ne videretur ancilla uxor. »

Et l'on ajoute que cette opinion est conforme au sys·tème répandu généralement à cette époque. Homère, Ovide s'en expliquent formellement dans leurs poésies.

Écoutez Médée déplorant son infortune :

Πάντων δ' ὅσ' ἔστ' ἔμψυχα, καὶ γνώμην ἔχει,

Γυναῖκες ἔσμεν ἀθλιώτατον φυτόν.

Ἃς πρῶτα μεν δεῖ χρημάτων ὑπερβολῇ

Πόσιν πρίασθαι, δεσπότην τε σώματος

Λαβεῖν· (1)    Euripide (*Médée*, v 234).

Didon offre en ces termes à Énée l'empire des Ty-riens :

Dotalesque tuæ Tyrios promittere dextræ.

    Virgile, *Énéide* (L. IV, v. 18).

Agamemnon, essayant de calmer la colère d'Achille, lui offre une de ses filles qui lui apportera sept villes opulentes, tandis qu'il dispense Achille de fournir une dot. (Homère, *Iliade*, liv. XI, v. 146.)

Les textes de Boëce et d'Isidore sont, il est impossible de le nier, entièrement contradictoires avec celui de Gaius, mais je ne puis attacher à ces mots *sese in emendo invicem* et *invicem emebant* une portée bien grande. Les auteurs de ces fragments, littérateurs et non légistes, vi-vaient à une époque déjà très-éloignée de celle où floris-sait la *manus*. Gaius, qui écrivait bien antérieurement à eux, me paraît beaucoup plus compétent et plus sûr, je préfère suivre son opinion.

---

(1) Ah ! de toutes les créatures qui sentent et qui respirent, les femmes sont les plus malheureuses ; elles achètent un époux au prix de leurs richesses, elles payent celui qui les réduit en esclavage.

Mühlenbruch (*Notes sur les antiquités de Hombold*) déclare aussi s'en rapporter aux explications de Gaius : « Simpliciores et, ni fallunt omnia, veriorem coemptionis descriptionem memoriæ prodidit Gaius. »

Quant aux citations d'Euripide, de Virgile, etc., je crois tout simplement que ces auteurs ont fait allusion aux usages du temps même, à la dot qui était déjà répandue dans leur pays ; et quant au récit d'Homère, il me semble que ces faits sortent des circonstances ordinaires. Le père, contrairement aux usages reçus, se décide à un sacrifice pécuniaire pour marier sa fille dont l'inconduite ou la laideur ont éloigné les prétendants.

D'après le texte de Gaius cité plus haut, la *coemptio* s'accomplit au moyen d'une mancipation ; toutefois il y avait cette différence dans les effets, c'est que la *coemptio* ne rendait pas l'épouse esclave, tandis que l'individu mancipé par un ascendant tombait en servitude. Pourquoi cette différence ? Le fils et la fille étaient mancipés avec les mêmes paroles que pour les esclaves ; il en était autrement pour la femme dans la *coemptio*.

Quant aux paroles précises qui devaient être prononcées, Gaius ne les rapporte point, elles nous sont inconnues.

Si la femme est soumise à la puissance paternelle, le consentement du père de famille est nécessaire. Alors c'est lui qui fait la vente ; seulement, comme il faut le consentement des parties, le consentement de la fille doit compléter celui de son père.

Si elle est *sui juris*, il lui faut l'intervention de ses tuteurs, de tous, car le consentement de l'un ne produit pas d'effet à l'égard des autres ; dans ce cas c'est elle-même qui prononce les paroles sacramentelles, elle est vendeur et objet de la vente tout à la fois. « Il suit de là, remarque M. Accarias (*Précis de droit romain*, T. I, p. 247), que la femme *sui juris* ne pouvait tomber *in manu* par l'*usus;* car l'autorisation du tuteur devant être interposée *in ipso actu* et supposant la prononciation des paroles solennelles, on ne la conçoit qu'appliquée à un acte positif ; on ne la conçoit pas validant les résultats d'une simple inaction prolongée. »

Dans le principe la *coemptio* fut probablement une véritable vente ; mais dans un pays où la femme était entourée d'honneur et de respect, la vente réelle de la fiancée, comme un vil objet, ne devait pas durer et ne dura pas longtemps. Gaïus (Comm. I, § 111) nous apprend que déjà à l'époque de la loi des Douze-Tables l'on connaissait et pratiquait les mariages libres qui laissaient à la femme son indépendance.

Il ne faut pas conclure que de ce que la vente cessa, la *manus* ne se maintint pas : elle continua d'exister, et pour la conférer, on se servit toujours de la *coemptio;* seulement ce ne fut plus qu'une vente fictive, *imaginaria venditio.*

Sous Justinen elle n'existe plus qu'à l'état de souvenir.

### 3. *Usus.*

On acquérait par l'usage une chose dont on n'était pas propriétaire, mais que l'on possédait.

« Usucapio est autem dominii adeptio per continuationem possessionis unni vel biennii; rerum mobilium anni, immobilium biennii. » (*Reg. Ulpiani*, XIX, 8.)

La possession devait durer un an pour les choses mobilières et deux ans pour les immeubles. Justinien exigea pour les meubles trois ans de possession ; pour les immeubles, dix ans *inter præsentes* et vingt ans *inter absentes*.

Ce mode d'acquérir fut appliqué à la femme au profit du mari :

« Usu in manum conveniebat quæ anno continuo nupta perseverabat : nam, velut annua possessione usucapiebatur, in familiam viri transibat, filiæque locum obtinebat. Itaque lege Duodecim Tabularum cautum erat, si qua nollet eo modo in manum mariti convenire, ut quotannis trinoctio abesset, atque ita usum cujusque anni interrumperet. Sed hoc totum jus partim legibus sublatum est, partim ipsa desuetudine obliteratum est. » (Gaïus, *Comm.* ı. § 111.)

Dans les temps les plus reculés de Rome, à l'époque où la *coemptio* était seule en vigueur, on n'avait pas recours à l'*usus*, mais lorsque, sous l'influence des mœurs plus policées, le mariage par vente tomba en désuétude, lorsque la *manus* remplaça dans tous les mariages la propriété absolue sur la femme, alors l'*usus* prit naissance.

Ne pourrais-je pas remonter plus haut et prétendre que l'*usus* existait déjà même à l'époque des mariages par *coemptio?* En effet, l'on sait que pour les choses *mancipi* qui n'avaient point été vendues avec les formalités de la mancipation, l'*usus* servait à acquérir sur elles le *dominium ex jure Quiritium ;* or la femme étant aussi précieuse qu'une chose *mancipi*, lorsque la mancipation n'avait pas eu lieu, on avait recours à l'*usus*, et plus tard, après que la *coemptio* fut devenue plus rare, l'*usus* qui avait servi à acquérir le *dominium* servit désormais à procurer la *manus*.

On s'est demandé si le mari pouvait, au moyen de l'*usus*, soustraire la femme à ses agnats et s'attribuer ainsi la fortune qui aurait dû régulièrement tomber entre leurs mains.

D'après M. Troplong, le tuteur n'a pas un pouvoir semblable à celui du père de famille, il ne peut d'aucune façon forcer la femme à se retirer pendant trois nuits loin du domicile conjugal et à interrompre ainsi la prescription. La femme tombe donc sous la *manus* de son mari, malgré le tuteur.

Heineccius était d'un autre avis : il pensait que l'autorisation du tuteur était nécessaire. Autrement ce droit si important pour les agnats, au moyen duquel ils veillaient à la conservation dans la famille des biens de la femme, eût été véritablement dérisoire, car rien n'eût été plus facile à la femme que de les frustrer de tous ses biens en se mariant sans leur adhésion.

« Usu non potuit, s'écrie Cicéron, nihil enim potest de tutela legitima sine omnium tutorum auctoritate deminui. » (*Oratio pro Flacco.*)

Je rappelle la judicieuse remarque de M. Accarias, que j'ai citée quelques lignes plus haut et qui me confirme dans cette dernière opinion.

Le mari pouvait forcer sa femme à quitter le toit conjugal pendant trois nuits s'il tenait à ce que sa femme fût privée du *jus agnationis* dans sa famille à lui.

Si, pour acquérir la *manus*, l'époux avait usé de

violence en enfermant sa femme, en lui retirant la faculté du *trinoctium*, la possession était vicieuse, il n'acquérait point la *manus*.

Au temps de Cicéron, si l'on se réfère au passage de son discours *pro Flacco*, cette sorte d'usucapion apparaît encore. Les mœurs et les lois en hâtèrent la désuétude : au temps de Gaïus elle avait disparu.

## CHAPITRE III.

### EFFETS DE LA *manus*.

La femme, en se mariant avec *conventio in manum*, entre dans la famille de son mari et y prend le rang de fille si celui-ci est *sui juris*, de petite-fille s'il est *filius familias*. Ce dernier cas présentait cette situation curieuse, qu'une femme, par son mariage, était soumise à un autre qu'à son mari.

Ce changement ne s'opérait pas sans briser les liens qui l'unissaient à sa famille naturelle ; il produisait donc une sorte de *capitis deminutio*, par suite de laquelle la femme ne conservait plus avec ses agnats qu'un rapport connu sous le nom de *cognatio*.

J'énumérerai les conséquences de son changement de condition d'abord quant à sa personne, ensuite quant à ses biens.

### SECTION I.

#### DROITS DU MARI SUR LA PERSONNE DE SA FEMME.

Le mari acquiert tous les droits qui dérivent de la puissance paternelle.

1° — Il a droit de vie et de mort sur sa femme. L'histoire de Rome nous présente des exemples de ce pouvoir effrayant : Valère Maxime raconte qu'un citoyen, Egnatius Métellus, ayant surpris sa femme qui buvait du vin fermenté, la fit périr sous le bâton, et fut ensuite absous par Romulus. Et l'historien latin ajoute que la conduite de Métellus fut approuvée comme offrant un parfait exemple, *optimo exemplo*.

On a parlé, il est vrai, d'un tribunal domestique destiné à contre-balancer et à tempérer l'autorité du chef de famille. Son existence nous est révélée par les auteurs (Tacite, xiii, 32 ; Digeste XXIII, Tit. IV, 5), mais la composition, les attributions de ce tribunal ne furent jamais précisément fixées. Probablement les parents, même les amis de la famille y siégeaient sous la présidence du *pater-familias*. Quant à l'influence exercée par cette juridiction, elle fut considérable : le mari n'osa plus condamner sa femme à huis clos ; il eût, en agissant ainsi, encouru l'infamie du censeur, ou même une accusation devant le peuple.

Mais ce tribunal n'exista pas dans les premiers siècles de Rome : le récit de Valère Maxime, muet sur un détail de cette importance, en fait foi. Les mœurs, en s'améliorant, apportèrent ce tempérament au pouvoir du mari.

2° — Il a droit de propriété sur elle, et par suite droit de vente ; cela a été contesté par Puchta (*Instit.* T. III, p. 160), mais à tort, suivant moi. Ne répète-t-on pas que la femme est *loco filiæ* ? et de même que les filles peuvent être vendues au moyen d'une seule mancipation, pourquoi n'en serait-il pas ainsi pour cette personne qui est *loco filiæ ?*

Qu'on lise ce texte de Gaïus :

« Omnes igitur liberorum personæ, sive masculini, sive femini sexus, qui in potestate parentis sunt, mancipari ab hoc eodem modo possunt quo etiam servi mancipari possunt. Idem juris est in earum personis quæ in manu sunt ; nam feminæ a coemptionatoribus eodem modo possunt mancipari quo liberi a parente mancipantur. » (Gaïus, *Comm.* I, § 117 et 118.)

Ce texte est formel et ne souffre pas de contradiction. Cependant il faut dire qu'il n'y a ni chez les auteurs ni chez les jurisconsultes aucune trace de l'exercice de ce droit. Gaïus le reconnaît lui-même : « Plerumque solum et a parentibus et a coemptionatoribus mancipantur, cum velint parentes coemptionatoresque e suo jure eas personas dimittere (*loc. cit.*).

3° — Il peut abandonner noxalement la femme qui a commis un délit. Le *paterfamilias* avait le droit, lorsque son enfant s'était rendu coupable d'un dommage à l'encontre d'un tiers, d'abandonner le délinquant à la victime du délit ; la femme, étant *loco filiæ*, doit être assimilée aux enfants. Ce droit exorbitant disparut comme les autres à mesure que la civilisation progressa.

4° Dans les premiers temps de Rome, il eut le droit de revendication. Alors le paterfamilias avait le *dominium ex jure Quiritium* sur toute sa famille, et de là résultait son droit de revendiquer. Ultérieurement, la femme et l'enfant ne furent plus considérés comme susceptibles de ce *dominium* et le droit de revendication tomba.

Cependant il pourrait arriver que mon fils, ma femme *in manu* me fussent enlevés, car il peut y avoir vol d'une personne libre. « Interdum etiam liberorum hominum furtum fit ; velut si quis liberorum nostrorum qui in potestate sunt nostra, sive etiam uxor quæ in manu sit. (Gaius, *Comm.* III, § 199.)

Dans ce cas deux moyens me sont offerts. J'obtiendrai du préteur un interdit exhibitoire par lequel il sera enjoint au ravisseur de représenter la personne qu'il détient injustement, ou bien j'aurai l'action du vol, *actio furti*.

5° Il a l'action d'injures contre celui qui a insulté sa femme : « Pati autem videmur..... item per uxores nostras quæ in manu sunt. » (Gaius, *Comm.* III, § 221.)

6° Enfin c'est le mari qui règle, pour le moment où il ne sera plus, la tutelle à laquelle la femme sera soumise ; sa puissance se continue ainsi pour ainsi dire au delà de son existence. Il peut, par testament, ou désigner lui-même le tuteur ou laisser à sa veuve l'*optio plena vel angusta ; plena*, elle aura liberté complète de choisir qui lui plaira ; *angusta*, son choix ne s'exercera que dans un cercle restreint d'individus désignés.

Dans Tite-Live on lit qu'une certaine Hispala Fecennia ayant révélé les infâmes débauches que protégeait la célébration mystérieuse des bacchanales, fut magnifiquement récompensée, et entre autres faveurs : « Tutoris optio ei esset, quasi ei vir testamento dedisset. (Liv. XXXIX.)

## SECTION II.

### DROIT DU MARI SUR LES BIENS DE SA FEMME IN MANU.

La femme entrant dans la famille de son mari sortait de celle où elle était précédemment ; elle subissait la *minima capitis deminutio* ; mais elle ne perdait pas les droits attachés à la cognation, qui, je l'ai déjà dit, subsistait néanmoins ; pendant la durée du mariage le préteur lui accorde la *bonorum possessio unde cognati.*

Le mari ou le beau-père se trouvait propriétaire de tous ses biens corporels ou incorporels ; il devenait son successeur universel, de même que l'adrogeant était successeur universel de l'adrogé. Il s'ensuivait que n'ayant aucun lien de droit envers les créanciers de la femme, il n'était point tenu envers eux. La femme, elle, avait perdu son ancienne personnalité, et toute poursuite contre elle demeurait inutile. Ce résultat injuste de la stricte observation de la loi devait attirer l'attention des préteurs : on arriva à reconnaître que la femme était tenue d'une obligation naturelle ; le préteur considérant la *capitis deminutio* comme non avenue, donna contre la débitrice une action utile. Le mari dut répondre à cette action, sinon les créanciers obtenaient la *bonorum possessio* et ensuite la permission de procéder à la vente des biens.

Il est inutile d'observer que les droits susceptibles de s'éteindre par la *capitis deminutio* ne passaient pas au mari. Gaius cite les droits d'usufruit, d'usage, les droits de patronage et *lites quæ continentur legitimo judicio.* Dans le manuscrit de Gaius les mots *lites quæ continentur* n'é-taient pas exprimés. M. Giraud a comblé cette lacune, en intercalant les mots précités (*Novum Enchiridion*). Je ne saurais mieux faire que d'adopter cette resti-tution.

Que faut-il entendre par les *lites quæ continentur legiti-mo judicio?* Tout simplement les obligations nées *ex lite contestata.*

La *deminutio capitis* dont la femme est affectée ne fait pas disparaître les obligations nées d'un délit : « Nemo de licto exuitur ; quamvis c..,ite deminutus sit. « (*Digeste*, liv. IV, 5, Loi ii, § 2.)

Les biens acquits depuis le mariage soit par succe.s' soit par contrat entraient dans le patrimoine du mari, d'a-près le principe que les personnes sous puissance acquiè-rent pour celui à qui elles sont soumises.

A l'exemple des fils de famille, la femme *in manu* peut avoir un pécule. Il lui était permis de contracter avec son mari et de leurs contrats naissait une obligation naturelle. Je ne connais pas de texte formel à ce sujet, mais je l'ad-mets par analogie de ce qu'on décidait dans l'hypothèse où un esclave était débiteur de son maître : dans cette hypothèse la dette de l'esclave pouvait être valablement cautionnée, malgré que les patrimoines du créancier et du débiteur n'en fissent qu'un (Instit. § 1. *De fidejusso-ribus*). Je déciderai de même quant à la dette de la femme envers son mari.

Sur tous les biens de la femme, quels qu'ils soient, le mari avait un pouvoir absolu, *jus utendi, fruendi et abu-*

*tendi ;* il n'était point tenu de les restituer à la dissolution du mariage.

En ce qui touche les successions, la condition de la femme était la même que celle de la fille de famille.

Ainsi 1° Le père de famille devra l'exhéréder ;

2° Elle aura droit d'intenter le *querela inofficiosi testamenti ;*

3° Elle est *heres sua ac necessaria* ;

4°.Dans les successions *ab intestat,* elle partage la fortune de son mari en qualité de fille et vient à la succession de ses enfants en qualité de sœur.

Plus tard les droits de la femme dans la famille furent modifiés par les sénatus-consultes *Tertullien* et *Orphitien.* Ce fut peut-être une des causes de la disparution de la *manus :* la femme dépourvue d'avantages bien sérieux ne voulut plus d'assujettissement à son mari.

La femme *in manu* pouvait-elle avoir une dot? si oui, cette dot était-elle restituable lorsque s'éteignait la *manus ?*

C'est là un point des plus obscurs et sur lequel l'imagination des commentateurs s'est donné carrière.

Si la femme était *sui juris,* tous ses biens passaient forcément dans les mains de son mari ; ce n'était pas précisément une dot, c'était l'équivalent d'une dot.

Si elle était sous la puissance paternelle, le père lui faisait une libéralité, et nous rencontrons là, non plus l'équivalent d'une dot, mais une dot proprement dite.

« Quum mulier viro in manum convenit, omnia quæ mulieris fuerunt, viri fiunt, *dotis nomine.* (Cicéron, *Topiques,* IV.)

Mais je ne saurais admettre que le mari fût tenu de restituer cette dot à la dissolution de la *manus*.

Gaius met sur la même ligne l'adrogé et la femme *in manu ;* or l'adrogeant acquiert tous les biens appartenant à l'adrogé sans que celui-ci puisse jamais les recouvrer. Un rescrit d'Antonin le Pieux apporte, il est vrai, une ex-ception, mais seulement pour les adrogés impubères. Je considère donc la *conventio in manu* comme absolument incompatible avec l'existence d'une action dotale.

Une dernière question: Le mari, s'il pouvait acquérir la propriété et même le *jus hereditarium* par sa femme, pouvait-il aussi acquérir la possession ?

« Per eas vero personas quas in manu mancipiove ha-bemus, proprietas quidem adquiritur nobis ex omnibus causis, sicut per eos qui in potestate nostra sunt : an autem possessio adquiratur quæri solet, quia ipsas non possidemus. » (Comm. II, § 90.)

« Quæri solet, répond Gaius, c'est une question contro-versée, quia ipsas non possidemus. » Par un esclave dont on n'a que l'usufruit on n'acquiert pas la possession d'une chose, on ne parvient point à l'usucaper ; il faut en conclure que par la femme *in manu*, que l'on ne possède pas, le mari n'acquerra point la possession. Il est vrai que postérieurement à Gaius, l'usufruitier d'un esclave acquit la possession au moyen de cet esclave (L. 49, pr. Dig. *De adq. vel am. poss.*), mais cette modification n'eut pas d'in-fluence sur les femmes *in manu*, car la *manus* disparaissait déjà.

Je n'admettrai point ce système : le motif de Gaius, *quia ipsas non possidemus*, n'est pas concluant. Il n'est pas besoin de posséder un individu pour acquérir par lui la possession. Justinien (§ 5 *Per quas pers. nobis adquiritur*) décide que la possession peut vous être transmise par le moyen d'une personne libre, *per liberam personam*, même à votre insu, si cette personne a reçu la chose en votre nom. La femme *in manu* n'acquérant la propriété que pour son époux, ne peut pas, il me semble, acquérir la possession pour un autre.

## SECTION III.

### EXPOSITION ET CRITIQUE D'UN SYSTÉME PROPOSÉ PAR M. GIDE.

Dans son bel ouvrage intitulé : *Etude sur la condition privée de la femme*, M. Gide émet une opinion toute nouvelle sur les effets de la *manus*.

« J'oserai m'écarter ici de l'opinion commune, dit-il, et j'essayerai d'établir que la *manus*, du moins dans la dernière forme qu'elle a revêtue, est un droit à part, différent de la puissance domestique, de la *potestas*, non pas dans ses détails, mais dans son essence même. Cette différence consiste, si je ne m'abuse, en ce que la *potestas* a pour objet la personne même de l'enfant ou de l'esclave, au lieu que la *manus*, tout comme la tutelle, ne confère par elle-même aucun droit sur la personne de la femme et ne s'exerce que sur ses biens. » (Page 132.)

Ainsi, d'après M. Gide, les droits que le mari a sur la personne de la femme il les tient du mariage ; la *manus* n'ajoute rien à sa puissance maritale, elle n'a d'effet que quant aux intérêts pécuniaires ; c'est une sorte de régime nuptial, « de communauté universelle ».

1° M. Gide, pour sa démonstration, s'appuie d'abord sur un texte de Gaius que j'ai précédemment cité, et dont voici la traduction : « Pour les personnes qui sont *in potestate*, nous acquérons non-seulement la propriété, mais aussi la possession; pour celles qui sont *in manu* ou *in mancipio*, nous acquérons bien la propriété ; quant à la possession, c'est controversé (*quæri solet*), et la raison de douter, c'est que nous ne les possédons pas. » (*Comm.* II, § 90.)

N'est-ce pas dire que la *potestas* atteignant la personne même du fils et de l'esclave, tout ce qu'ils possèdent *corpore* tombe entre les mains du *paterfamilias ;* au contraire la *manus*, ne portant que sur les biens de la femme, procurera au mari les biens qu'elle a en propriété, mais non pas ce qu'elle possède.

2° Le père peut vendre son esclave, son fils ou les abandonner noxalement. La femme (on ne parle pas des commencements de Rome) ne peut être vendue ni cédée en réparation de dommage causé. (Gaius, *Comm.* IV, § 80.) Le mari peut seulement lui désigner un tuteur, car la tutelle, comme la *manus*, n'a que les biens de la femme pour objet.

Essayons de réfuter ce système :

Je me suis déjà (section II, *in fine*) occupé du texte invoqué par M. Gide, et j'ai critiqué le motif allégué par Gaius pour expliquer l'incapacité de la femme *in manu* à acquérir la possession.

Je remarque en outre que Gaius hésite à se prononcer;

il fait observer qu'il y a désaccord entre les prudents, *quæri solet*. L'argument de M. Gide, reposant ainsi sur un point douteux, ne me paraît pas bien décisif.

Mais si l'opinion de M. Gide est fondée, le *mancipium*, comme la *manus*, n'atteindra pas la personne de l'homme libre, car dans le texte précité Gaius range dans la même condition l'individu *in mancipio* et la femme *in manu*. Notre savant maître ira-t-il jusque-là ? Non certes, il sait mieux que moi que l'individu *in mancipio* est *in imaginariam, servilem causam deductus*. (Paul, L. 3, Digeste, *De capitis deminutione*) et non point soumis à un pouvoir de protection qui ne s'exercerait que sur ses biens.

Au second argument je répondrai que ces droits de vente, etc., existaient très-bien dans les premiers temps de Rome et que ce n'est que plus tard qu'ils disparurent sous l'influence de mœurs moins sauvages. Alors la femme se trouva dans une situation présentant de l'analogie avec une *filiafamilias*, mais elle ne lui fut point assimilée identiquement. Nous savons par l'histoire de quelle vénération la femme romaine était entourée; nous savons que sa condition si dure en droit, était en fait des plus favorables. On comprend donc que le mari pût avoir sur sa compagne certains droits sans avoir le pouvoir inouï de vente et d'abandon noxal.

Je ne puis me rallier au système de M. Gide, et voici pourquoi :

La *manus* opère une *capitis deminutio*, un changement de famille. Comment concevoir que cette *capitis deminutio* n'ait d'effet que sur les biens, lorsque l'adoption, l'adrogation produisent des effets et sur les biens et sur la personne? Gaius, Ulpien, tous les jurisconsulto qui se sont occupés de la femme *in manu*, répètent à l'envi qu'elle est *loco filiæ;* je ne saurais admettre que, s'il en était autrement, ces jurisconsultes éminents aient commis une aussi grave inexactitude.

Enfin si le but de la *manus* est de mettre en commun les biens des deux conjoints, pourquoi recourir à ces trois modes : *coemptio, usucapio, confarreatio?* je ne vois plus leur utilité : la femme est-elle *sui juris*, elle mancipera ses biens à son époux; est-elle sous la puissance de son père, celui-ci fera mancipation de la dot. Il n'y aura pas besoin de recourir à toutes ces formalités que j'ai décrites, et du moment où elles existent, il faut bien reconnaître qu'elles servent à quelque chose, qu'elles ont leur utilité, et cette utilité c'est précisément de procurer au mari des droits sur la personne aussi bien que sur les biens de sa femme.

## CHAPITRE IV.

### DE LA MANUS FIDUCIÆ CAUSA.

La *manus* dont je viens de parler est faite *matrimonii causa :* le but de la femme est de passer sous la puissance de son mari.

La *manus* peut encore s'établir *fiduciæ causa,* fût-elle faite *cum marito*, lorsque la femme a en vue un autre résultat. Ce genre de *manus* ne s'établit jamais que par la *coemptio* et sur une femme *sui juris*.

Gaius rapporte deux exemples de cette *coemptio fiduciæ causa;* un troisième nous est fourni par Cicéron.

### 1° *Coemptio testamenti faciendi gratia.*

Anciennement il fallait, pour qu'une femme pût tester, qu'elle eût fait *coemptio* et qu'ayant été mancipée elle ait été ensuite affranchie. Cicéron fait allusion à cette règle lorsqu'il dit : « Si ea mulier testamentum fecit quæ eo capite nunquam deminuit, non videtur ex edicto prætoris secundum eas tabulas possessio dari. » (*Topiques*, n° 4.)

Il y avait cependant des personnes qui n'avaient pas besoin de recourir à ces formalités pour tester, c'étaient les vestales (Aulu-Gelle, *Nuits attiques*, liv. I, 12), et les femmes qui n'ont point d'agnats, par exemple les affranchies ; mais à ces dernières l'autorisation du patron est indispensable.

Cette règle, qui imposait à la femme l'obligation de subir une *capitis minutio* pour pouvoir tester, fut abrogée par un sénatus-consulte d'Adrien.

### 2° *Coemptio tutelæ evitandæ causa.*

Une femme *sui juris* a plusieurs tuteurs et voudrait avoir pour tuteur à leur place Cornélius, je suppose : elle demandera l'autorisation de ses tuteurs et fera *coemptio* avec Publius, qui ensuite la mancipera à Cornélius ; celui-ci l'affranchit et devient ainsi son tuteur.

Là naît une difficulté : pourquoi cette double vente ? Pourquoi l'acheteur de la femme la revend-t-il à celui qu'elle veut comme tuteur ?

A l'époque où ce mode était employé, la tutelle légitime des agnats était en vigueur. Plus tard l'indépendance de

la femme commença à s'affirmer, et on inventa des tuteurs dont Cicéron se moque dans son *Pro Murena* :
« Mulieres omnes propter infirmitatem concilii majores
in tutorum potestate esse voluerunt; sic invenerunt genera
tutorum qui in potestate mulierum continerentur. »

Pour obtenir ces tuteurs complaisants, il fallait effacer
les droits d'agnation qui formaient obstacle et parvenir à
une *minima capitis deminutio*. Le père seul avait le droit
de vendre ses enfants; c'était là la difficulté, et pour la
tourner, les praticiens usèrent d'une subtilité : de même
que la *manus* produisait pour le mari la *patria potestas*
réelle, de même on imagina que la mancipation faite
même par la femme à un individu procurerait à celui-ci,
*utilitatis gratia*, un pouvoir identique. Et cela accompli,
le père supposé, usant du droit qu'il était censé posséder,
vendait sa fille à l'homme qu'elle lui désignait.

Un texte d'Ulpien me confirme dans cette opinion :
« Qui liberum caput mancipatun sibi vel a parente vel *a
coemptionatore* manumisit, per similitudinem patroni tutor efficitur, qui fiduciarius tutor appellatur. » (*Ulpiani
Regulæ*, titre XI, § 5.)

Cette application de la *manus* fut rendue inutile par
l'abrogation partielle ou la désuétude progressive de la
tutelle des femmes pubères.

### 3° *Coemptio interimendorum sacrorum causa.*

Dans son discours *Pro Murena*, Cicéron, reprochant aux
jurisconsultes d'avoir corrompu les anciennes institutions,
s'écrie : « Sacra interire majores noluerunt; jureconsul-

torum ingenio, senes ad coemptiones faciendas, interi-
mendorum sacrorum causa, reperti sunt. »

Le culte domestique était inséparablement attaché au patrimoine; celui-là était chargé des sacrifices qui avait le patrimoine entre les mains. Or supposez une femme héritière d'une fortune considérable et obligée ainsi d'entretenir le culte des *sacra*. Elle fera *coemptio* avec un vieillard, tous ses biens passeront à ce dernier, et il se trouvera tenu du service des *sacra;* ensuite le lien résultant de la *coemptio* est brisé par une mancipation suivie d'un affranchissement; elle recouvrera sa fortune, et le *coemptionator* fera les sacrifices moyennant un prix convenu.

Elle choisit un vieillard parce qu'il a peu d'années à vivre, elle sera moins longtemps obligée de payer le salaire; elle le choisit pauvre parce qu'il est certain qu'aucun héritier ne se présentant à la succession, les *sacra* s'éteindront avec lui.

---

## CHAPITRE V.

DE QUELLE MANIÈRE FINIT LA MANUS.

La *manus* finit :
1° Par la mort de l'un des époux ;
2° Par le divorce.

C'est là une profonde différence entre la *manus* et la puissance paternelle : la *manus*, en effet, n'était qu'une sujétion volontaire de la femme, et celle-ci pouvait, en répudiant son mari, se soustraire pour l'avenir aux effets de ce pouvoir, tandis qu'une fille ne pouvait point exiger de son père qu'il la libérât de la puissance paternelle.

**M.** de Fresquet est d'un avis contraire ; du moins pour les premiers temps de Rome, il assimile la femme à la fille et ne lui reconnaît aucun moyen de contraindre son mari à renoncer à elle.

A l'appui de son système il cite ce passage de Plaute :

> Si vir scortum duxit, clàm uxorem suam
> Id si rescivit uxor, *impunè'st* viro ;
> Uxor viro si clam domo egressa'st foràs
> Viro fit causa ; et exigitur matrimonio.
> Utinam lex esset eadem !
>
> Mercator, acte IV, scène VI.

En tous cas, dès avant la fin de la république, les deux époux avaient également le droit de s'envoyer le *repudium.*

3° Par la *capitis deminutio* de l'un des époux.

La *manus* étant une institution de droit civil, il en résultait que lorsque l'un des époux perdait sa personnalité civile, la *manus* cessait.

Le mari tombé en servitude était privé du droit de cité ; alors la femme devenait *sui juris ;* toutefois le lien d'agnation avec les enfants n'était pas rompu.

Dans les premiers temps de Rome les mêmes effets se produisaient lorsqu'il y avait *minima capitis deminutio :* le père, par une mancipation, pouvait briser l'agnation entre son fils et sa bru. Mais Plutarque (*Numa*, C. 17) nous apprend que le second roi de Rome, Numa Pompilius, abolit cette faculté tyrannique.

4° Par la rémancipation.

Le mari faisait mancipation de sa femme à un individu choisi par elle, *cui ipsa velit;* et comme la plupart du temps elle retournait aux agnats de la première famille qu'elle avait quittés par l'effet de la *manus,* cet usage prit le nom de rémancipation.

Entre le *coemptionator* et la femme, subsiste-t-il un lien analogue à celui qui existe entre le père de famille et sa fille émancipée ? (On sait qu'au moyen d'un pacte de rémancipation et d'un affranchissement, le père le plus souvent se conservait les droits de *parens manumissor*).

Je n'ose l'affirmer, cependant il est possible d'asseoir cette opinion sur un argument assez spécieux : le père, dirai-je, peut conserver ce droit vis-à-vis de sa fille qu'il émancipe; or la femme n'est-elle pas *loco filiæ?* donc..... Mais il me semble déraisonnable que, par exemple, après le divorce, le mari étant forcé d'émanciper sa femme, il conservât encore un certain droit sur elle.

Pour dissoudre la *manus* durant la vie des conjoints, on se servait de différents moyens, selon la façon dont elle avait été constituée : si elle avait été établie par la *confarreatio,* elle se dissolvait par la *diffarreatio,* espèce de sacrifice en sens inverse du premier. « Les cérémonies de la *diffarreatio,* dit Plutarque, sont lugubres et effrayantes; elles ont toutes pour objet d'exprimer l'indignation céleste et d'en conjurer les effets. »

Quand elle avait été constituée par la *coemptio,* par l'*usus,* il suffisait de la mancipation suivie d'un affranchissement.

J'ai passé en revue les pouvoirs si étendus du mari sur

la personne et sur les biens de la femme *in manu*. Cette institution put durer tant que se conservèrent la pureté des mœurs, le respect de l'épouse et les vertus domestiques.

En effet, si l'on considère le droit strict, on est effrayé de la dureté de la condition imposée à la femme; on s'étonne de la voir à ce point opprimée et humiliée, et cela au premier abord confond toutes les idées que l'histoire nous avait inculquées. Mais si de la théorie nous passons dans le domaine des faits, nous nous apercevrons qu'au fond ces prescriptions si rigoureuses du droit n'étaient qu'une sorte de luxe dans le système législatif; en fait, elles n'étaient jamais appliquées, du moins à la lettre. Au contraire, dans la vie sociale la femme, la *materfamilias*, est l'objet d'une sorte de culte de la part de la famille (et l'on sait que la famille à Rome embrasse enfants, esclaves, clients), en même temps qu'elle est tendrement aimée de son époux. Dans toutes les cérémonies un siége d'honneur est réservée aux dames romaines; le consul lui-même la rencontrant sur la voie pnblique lui cède le pas respectueusement.

Caton, dans une de ces boutades qui lui étaient familières, appréciait exactement la grande place que la femme tenait dans la société romaine lorsqu'il s'écriait :
« Partout les hommes gouvernent les femmes, et nous qui gouvernons tous les hommes, ce sont nos femmes qui nous gouvernent. »

« Cette influence de la femme ne s'exerçait pas seulement dans l'ombre du foyer et dans le cercle étroit des intérêts domestiques. A chaque page de l'histoire romaine

on voit la femme apparaître. En vain les lois l'ont-elles
exclue de toute participation aux affaires publiques ; sans
cesse son intervention, apparente ou cachée, décide des
destinées de l'État. Il semble même que les Romains se
soient complus dans leurs annales ou leurs légendes, à
attacher le nom d'une héroïne à chacun de leurs plus
glorieux souvenirs ; et si l'on en croyait l'histoire tradi-
tionnelle, Rome ne serait pas moins redevable à la vertu
de ses matrones qu'à la sagesse de ses législateurs ou au
courage de ses guerriers. C'est le dévouement conjugal,
la piété filiale des Sabines qui, unissant le Sabin au Latin,
a formé la nation romaine ; c'est à la chasteté de Lucrèce,
c'est à l'innocence de Virginie que Rome, deux fois asser-
vie par les Tarquins et par le décemvirs, dut deux fois
l'occasion de sa délivrance ; les prières d'une épouse et
d'une mère purent seules fléchir Coriolan et sauver la république ; les adroites suggestions d'une épouse ambi-
tieuse surent inspirer à Licinius la loi célèbre qui consacra
le triomphe de la démocratie romaine, et les derniers héros
de cette démocratie, les deux Gracques, furent formés
par l'éducation, guidés par les conseils d'une mère.

. . . . . . . . . . . . . . . . . .

. . . . . . . . . . . . . . . . . .

Que tous ces récits soient à demi légendaires, il n'importe : dans ces légendes mêmes je vois l'expression naïve
d'un sentiment populaire, j'y trouve un témoignage irré-
cusable du respect et des honneurs dont les Romains des
premiers siècles entouraient leurs épouses et leurs mères.
Ils avaient compris que les vertus du foyer sont aussi essentielles à la conservation d'un empire que les vertus ci-

viques et guerrières, et toute l'histoire confirme le beau témoignage que Sénèque leur rendait plus tard et dans des temps moins heureux : c'est que, pour eux, la débauche était, non pas un vice, mais une monstruosité. » (Gide, *loc. cit.*, p. 111.)

Mais lorsque peu à peu les mœurs se furent corrompues, les divorces se multiplièrent, et les maris trouvant dans la loi elle-même des facilités pour opprimer leurs compagnes, la *manus* devint un cruel despotisme : ce fut sa fin.

La femme ne consentit point à cet asservissement et s'y déroba en adoptant la forme du mariage libre. Elle ne voulut plus être l'esclave du mari, lui apporter tout son patrimoine pour courir le risque d'être bientôt répudiée et de laisser ainsi sa fortune entre des mains étrangères. Elle réserva ses droits : elle promit une dot, mais eut soin d'en stipuler le retour.

D'après M. de Fresquet, ce n'est pas la corruption des mœurs qui a tué la *manus*, c'est l'intelligence et l'application du principe d'égalité morale qui doit exister entre époux, c'est la loi du progrès et non pas seulement les exigences du vice qui ont amené le mariage libre.

Je crois pourtant que les vieux Romains ne se souciaient guère des principes d'égalité entre les conjoints et de la loi du progrès moral. Les motifs de M. de Fresquet sont séduisants mais je ne les crois pas fondés, je préfère ceux que je viens de présenter.

# CHAPITRE VI.

DU MARIAGE LIBRE OU MARIAGE SANS CONVENTION IN MANUM.

J'ai montré dans le chapitre précédent comment le mariage avec *conventio in manus* finit par cesser pour céder la place au mariage libre.

Vers quelle époque s'opéra cette transformation ?

Gaius (Comm. I, § 111), nous enseigne que la loi des Douze-Tables avait spécifié les conditions que devait remplir la femme pour éviter la *manus* résultant de l'usucapion ; on peut donc prendre cette époque comme point de départ certain.

Quant à l'époque antérieure, les auteurs sont en complet désaccord.

Beaucoup admettent qu'avant la promulgation de cette célèbre loi, le mariage libre existait déjà, et pour le prouver ils rappellent la manière dont les décemvirs remplirent leur mission : ils inventèrent fort peu et ils rédigèrent seulement en forme positive les usages acceptés depuis longtemps.

Qu'on me permette de signaler en passant le grave problème soulevé à ce sujet :

Des auteurs des plus considérables ont soutenu que la législation romaine avait été entièrement copiée sur la législation grecque. Je ne me sens pas la force de chercher une solution à propos de laquelle des trésors d'érudition ont été dépensés sans amener un accord définitif ; je me contente de suivre l'avis du savant illustre dont s'enorgueillit l'École de Paris, M. Ch. Ciraud : « Quant à la source des lois des Douze-Tables, nous la croyons romaine et non grecque, et nous pensons que les patriciens avaient eux-mêmes préparé et rédigé ces lois et qu'ils usèrent d'un artifice bien probable pour les présenter sous le nom d'un peuple estimé à Rome. (*Histoire du droit romain*, p. 68.)

M. Ginouillac (*De la dot*, p. 86) a pensé que les décemvirs avaient emprunté cette institution aux lois athéniennes de Solon, qui furent soigneusement consultées lors de la rédaction des Douze-Tables.

Je croirais plutôt que les mariages libres sont antérieurs à cette loi : je placerais leur origine dans la volonté, chez les *patresfamilias*, de ne point abandonner leur puissance, et aussi dans le désir de conserver les biens dans les familles. Par la *manus* les biens, la puissance passaient définitivement au mari, et on comprend qu'il a dû arriver que les pères de famille ou l 3 tuteurs se préoccupassent d'empêcher cette lésion. Il y eut consentement au mariage, mais avec cette condition, si la fille était *alieni juris*, que la puissance ne serait pas retirée au père, ou, si elle était *sui juris*, que les droits des tuteurs seraient maintenus dans leur intégrité.

Telle est l'origine du mariage libre.

## SECTION I.

### DROITS DU MARI SUR LA PERSONNE DE LA FEMME.

La femme pouvait être, avant son mariage, *alieni juris* ou *sui juris*.

Supposons-la *alieni iuris :* elle reste sous la puissance

de son père ; celui-ci a sur elle droit de vie et de mort, il peut même, à l'origine, rompre le mariage et reprendre sa fille, qui se trouvait ainsi plutôt prêtée que mariée véritablement. La puissance paternelle prévaut sur la puissance maritale.

La scène dramatique retentit des plaintes touchantes des jeunes femmes contre l'égoïsme d'un père qui les arrache à un époux chéri.

> Neque est cur nunc studeam has nuptias mutarier,
> Verum postremum in patris potestate est situm :
> Faciendum id nobis quod parenteis imperant
> Scio, atque in cogitando mœrore angeor;
> Nam prope modum jam ostendit suam sententiam.
>
> Plaute (Stichus, v. 51).

Et dans Ennius écoutez cette fille s'adressant à son père :

> Injuriâ abs te afficior indigna, pater.
> Nam si improbum esse Cresphontem existimaveras,
> Cur me huic locabas nuptiis ? Sin est probus,
> Cur talem invitum invitam cogis linquere ?

Mais sous l'Empire la faveur du mariage et aussi une réaction contre l'ancienne puissance paternelle firent préférer le mari au père de famille. Une Constitution d'Antonin le Pieux défendit au père de briser l'union bien assortie de son enfant, si ce n'est pour de justes raisons (Sentences de Paul, L. V, t. VI, § 15). On trouve des textes où les empereurs protégent un fils ou une fille qu'un père veut contraindre à divorcer par la crainte de l'exhérédation (C. Loi 18, *De inof. test.*, et loi 5, *De inst. et subst.*)

La femme était *sui juris;* alors elle se trouvait en tutelle et restait sous l'autorité de ses tuteurs.

Qu'elle fût *sui juris* ou *alieni juris*, doit-on aller jusqu'à conclure qu'elle n'était qu'une étrangère pour son mari?

Je ne le crois pas; les textes m'en fournissent la preuve. Il est évident que la femme doit respect, obéissance à son mari; elle le suivra partout où il trouvera bon de fixer sa demeure, excepté dans les lieux où il serait envoyé en punition de ses crimes.

Elle lui doit certains services domestiques : « Le patron, dit Hermogenianus (Loi 48, *Dig.* Liv. XXXVIII, t. I), qui a consenti au mariage de son affranchie, perd tout droit à ses services, car elle les doit désormais à son mari. »

Il ne pouvait d'ailleurs en être autrement, c'est une conséquence qui découle naturellement du mariage.


## SECTION II.

### DROITS DU MARI SUR LES BIENS.

Le patrimoine de la femme ne subissait aucun changement par l'accomplissement de son mariage. Si elle était *alieni juris*, ses biens continuaient d'appartenir au père de famille; si elle était *sui juris*, ce n'est pas son mari qui gérera sa fortune, mais elle-même avec l'*auctoritas* de ses tuteurs dans les cas exigés par la loi. Elle n'a pas voulu que ses biens devinssent l'héritage d'une autre famille, elle a préféré ses frères, ses autres parents à son mari. Elle pourra toutefois revenir sur ce dessein ; si elle a des enfants, il lui est facile de leur laisser son héritage en n'abandonnant pas le domicile conjugal pendant trois nuits ; l'*usus* s'accomplira.

Rien n'est changé dans les rapports des deux époux ; chacun conserve son individualité et son patrimoine : ils ont action l'un contre l'autre pour les dommages qui se produiraient (*Dig. ad. legem Aquiliam*, Loi 27, § 30). Ils peuvent passer entre eux toutes sortes de contrats, vente, louage, etc. (Dig. *de Donat. Inter vir. et uxor.* Loi 5, § 5 ; Loi 31, § 4 ; Loi 52.)

Ce système était inique en ce que la femme ne contribuait aucunement aux charg  du ménage. Pour remédier à cet abus, l'usage s'éta   de stipuler une certaine somme ou un fonds qui serait apporté par la femme au mari comme dot. Sur cette dot le mari eut tout droit de propriété, et il pouvait disposer à son gré des biens qui la composaient, les aliéner, les hypothéquer, etc., car ils lui avaient été livrés en propriété par les moyens translatifs du *dominium*.

Mais, l'an 523 de Rome, le divorce d'un citoyen, Carvilius Ruga, amena de nouvelles modifications dans la législation romaine : alors furent introduites les *cautiones* destinées à assurer la restitution de la dot.

« L'on rapporte que dans les cinq cents ans qui suivirent la fondation de Rome, on ne connut ni à Rome ni dans le Latium aucune *actio*, aucune *cautio rei uxoriæ*. En effet elles n'étaient pas nécessaires, car le divorce était inconnu. Aussi Servius Sulpicius, dans son livre sur *la dot*, a-t-il écrit que les *cautiones rei uxoriæ* ne parurent

nécessaires que lorsque Spurius Carvilius, homme noble,
eut divorcé avec sa femme en l'an de Rome 523 (Aulu-
Gelle, *Nuits attiques*, Liv. IV, chap. iii.)

Cette précaution parut si utile qu'on en vint à donner
une *actio rei uxoriæ* même dans le cas où l'on avait omis
de stipuler la restitution; le droit prétorien tempéra ainsi
la rigueur du droit civil.

---

## CHAPITRE VI.

### RÉSULTATS DE LA DISPARITION DE LA MANUS.

A mesure que l'institution de la *manus* tendait à disparaître, une autre institution se fondait : je veux parler
de la dot.

Dès une époque très-reculée le *paterfamilias* hésitait à
livrer à son gendre des biens qui sortiraient pour toujours
de la famille; j'ai déjà dit que les femmes, lasses de la
quasi-servitude à laquelle on les réduisait, ne voulurent
plus que leur dot, en cas de divorce devenu fréquent,
enrichît une autre famille, tandis qu'elles demeureraient
sans ressources. De là l'usage de stipuler que le mari
serait obligé de restituer les biens apportés dans le ménage à la femme ou à sa famille, s'il y avait divorce ou
prédécès de la femme. Cette clause passa profondément
dans les mœurs : elle fut même considérée comme sous-
entendue lorsqu'elle n'avait pas été exprimée formellement.

La dot dès lors prit une grande extension : sous

Auguste et ensuite par une Constitution de Septime Sévère, le père et les agnats furent obligés, dans le but de favoriser les mariages, de constituer une dot à la jeune fille.

Ce ne fut pas tout : le législateur voulut non-seulement assurer la constitution et la restitution de la dot, mais encore sa conservation. Auguste fit voter la loi Julia, d'après laquelle le fonds dotal ne peut être aliéné sans l'adhésion de la femme et ne peut être hypothéqué même avec son consentement. La femme a assez de jugement et d'expérience pour refuser de consentir une aliénation dont les conséquences sont immédiates et appréciables ; mais quant à l'hypothèque dont l'effet ne se produira que dans un avenir probablement éloigné, la femme n'eût pas calculé le danger auquel elle s'exposait et n'eût pas osé refuser à son mari le moyen de sortir d'embarras : on voulut la protéger contre sa propre faiblesse; tel fut le but de la loi.

Enfin l'usage s'établit de prohiber les donations entre époux, afin d'empêcher qu'un époux avide n'abusât de l'inexpérience de sa compagne pour la dépouiller.

Cette faveur dont on entoura les femmes leur procura une existence indépendante; mais de la liberté à la licence il n'y a qu'un pas, et ce pas fut franchi. Le divorce en même temps porta un coup mortel à l'autorité maritale. Le mari, sans cesse sous le coup d'une poursuite en restitution de dot, fut dans la dépendance de la femme qui, en divorçant, avait le droit de reprendre son bien.

Argentum accepi, dote imperium vendidi,

gémit le mari de Plaute (*Asin.* v. 74).

Maîtresses de leurs biens, affranchies du pouvoir qui jusqu'alors les avait dominées, d'esclaves devenues souveraines, les dames romaines firent un usage scandaleux de leur liberté.

D'après Juvénal :

Nil non permittit mulier sibi, turpe putat nil.

Le mépris et le dégoût pour le mariage devaient résulter de ce relâchement des mœurs. Le discrédit de cette institution se propagea, et le censeur Métellus le Numidique en vint à proclamer du haut de la tribune : « Si nous pouvions être sans femmes, nous serions sans chagrin ; mais puisque la nature a voulu qu'on ne pût pas vivre sans elles, il faut songer à la perpétuité de la race plutôt qu'au plaisir d'un moment. »

Sénèque déplore le débordement de la prostitution : « Illustres quædam ac nobiles feminæ nec consulum numero, sed maritorum annos suos computant, et exeunt matrimonii causa, nubunt repudii. »

Quand une femme n'avait eu qu'un seul époux, le fait semblait si extraordinaire que son épitaphe le mentionnait :

Conjugi piæ, inclitæ, univiræ

et bientôt Rome se personnifie dans Messaline.

En définitive le mariage ne subsistait plus guère que pour voiler, ou plutôt pour faciliter une effroyable corruption : est-il besoin d'ajouter que l'autorité maritale avait sombré dans ce gouffre d'immoralité et de dépravation qui devait finir par engloutir Rome elle-même ?

De nombreuses lois furent portées pour réprimer le désordre et pour arrêter la désorganisation dont la famille était menacée. Hélas ! ce n'était pas seulement dans la famille qu'il fallait chercher le mal pour le conjurer : la vieille cité romaine avait perdu l'antique austérité de ses mœurs républicaines, encore quelque temps, et elle allait être mûre pour l'Empire.

Le luxe était inouï : pour empêcher les femmes de s'enrichir, on essaya d'un ensemble de lois appelées *lois somptuaires* : la loi Cincia, vers l'an 500, qui renfermait les donations dans d'étroites limites; la loi Oppia, contre le luxe des femmes ; la loi Voconia (585), qui défendait à tout citoyen riche de 100,000 as d'instituer une femme héritière, ou de lui léguer une part plus forte que celle restant à l'héritier.

Auguste voulut à son tour régénérer la société romaine qu'il n'avait pas peu contribué à démoraliser lui-même. D'après les lois Julia et Papia Poppéa, les femmes adultères furent punies de certaines incapacités: elles ne purent paraître en justice comme témoins, ni être instituées héritières, ni même recevoir un legs. En même temps il s'efforçait de remédier par la fiscalité à l'épuisement de la population légitime en accordant des priviléges à la paternité, en frappant d'incapacités les *cœlibes* et les *orbi* et en encourageant les secondes noces.

Ces mesures ne rendirent pas au mariage son lustre effacé : Rome luttait déjà contre l'effroyable gangrène qui lui dévorait le cœur. La corruption régnait dans le peuple et surtout dans les hautes classes, qui donnaient, comme toujours malheureusement, l'exemple de tous les excès.

Il fallut donc recourir à de nouvelles réformes :

« Qu'on ne s'y trompe pas, dit très-sagement M. Gide, tout ce déploiement de lois dans l'intérêt de la morale est précisément un symptôme certain de l'immoralité publique; c'est quand la morale a perdu tout empire dans l'âme des citoyens qu'elle va emprunter à l'autorité des lois une dernière et impuissante sanction. » (*Loc. cit.* p. 141.)

On créa contre la femme une série d'incapacités dont voici l'énumération :

1° Elle ne peut agir en justice pour autrui (D. III, 1. Loi 1, § 5);

2° Elle ne peut tenir une maison de banque (Dig. II, 13, l. 12);

3° Son témoignage en justice ne sera pas reçu (D. XXVIII, 1. Loi 28, § 6; XXII, 5. Loi 18) ;

4° Enfin toute *intercessio* lui est interdite. *Intercedere,* c'est engager sa personne ou ses biens pour autrui; cette faculté lui est retirée par le fameux sénatus-consulte Velléien, introduit probablement sous le règne de Claude.

Ces incapacités, malgré leur multiplicité, furent reconnues impuissantes, et ne tardèrent pas à disparaître, à l'exception du sénatus consulte Velléien, qui a survécu à la chute de l'Empire. Rome glorieuse et pleine de vie sous la République, contaminée et abâtardie on sait par quelles causes, devait périr fatalement après la ruine de ses libertés politiques. Pour que le peuple ne songeât pas à ses droits confisqués, on l'enivra de plaisirs et de débauches; il s'énerva et perdit avec ses vertus son esprit national. La corruption est un merveilleux instrument de despotisme : puisse Rome déchue de sa splendeur nous servir d'exemple !

---

### NOTE SUR LA TUTELLE DES FEMMES PUBÈRES.

J'ai étudié la condition de la femme romaine dans le mariage : pour compléter le plan que je me suis tracé, je désire envisager l'état de la femme pubère et non mariée

Durant la vie de son père, elle demeurait sous sa puissance; celui-ci mort, quelle était sa situation? La femme qui ne se trouvait pas sous la *patria potestas* ou sous la *manus*, était *sui juris*, mais n'en était pas moins soumise à une tutelle perpétuelle. Ulpien et Gaius, pour justifier ce côté bizarre de la législation, invoquent l'éternel motif *propter animi levitatem et sexus infirmitatem* que le bon sens suffit pour rejeter; je n'hésite pas à affirmer qu'à Rome cette mesure fut inspirée par un sentiment de défiance contre la femme. « Pour les peuples anciens, dit M. Accarias (*Précis de Droit romain* p. 350), la femme n'est pas un être dont la fonction sociale soit simplement différente de celle de l'homme, c'est un être inférieur. Respectée à la maison, on la redoute au dehors : on veut bien qu'elle fasse partie de la famille, mais non pas de la société. Or incontestablement, par la libre administration de ses biens, par la faculté de contracter, d'acquérir ou d'aliéner sans contrôle, la femme arriverait à exercer une influence qui, pour être indirecte, n'en serait pas moins puissante; dépourvue de droits politiques, elle régnerait peut-être sur ceux qui les possèdent. Au contraire, placée en tutelle, elle ne paraîtra guère sur la scène sociale, sa volonté sera toujours enchaînée, et la cité continuera d'appartenir aux hommes seuls. »

Nul n'a mieux exprimé les véritables causes de cette institution.

La tutelle était testamentaire ou légitime ou fiduciaire ou dative; j'énoncerai brièvement quelques anomalies qui la distinguaient de la tutelle des impubères.

Déjà j'ai montré (*suprà*, chap. III, sect. 1) que le père ou le mari pouvait, pour le moment où il ne serait plus, désigner par testament un tuteur à la femme *in manu*. Celle-ci est *loco filiæ* ou *loco neptis*; or on sait qu'un citoyen romain peut dans son testament imposer un tuteur à ses enfants, qui deviendront *sui juris* par sa mort. Je rappelle encore qu'on avait permis au mari de donner à sa femme la *tutoris optio, plena* ou *angusta*.

La loi des Douze Tables plaçait sous la tutelle des agnats les femmes pubères auxquelles un tuteur testamentaire n'avait pas été désigné : contrairement à ce qui existait dans les autres tutelles, celle-ci était transmissible au moyen d'une *cessio in jure*. *Legitimi tutores alii tutelam in jure cedere possunt.*(Ulpien, *Fragm.* XI, 6.) Le nouveau tuteur, *cessicius tutor*, n'était en quelque sorte que le suppléant du tuteur légitime, car s'il mourait, ou éprouvait une *capitis minutio*, le cédant reprenait ses fonctions; en réalité le tuteur légitime ne cessait pas d'être investi de son pouvoir, il ne faisait que déléguer momentanément son autorité aux *cessicius*.

Que faut-il précisément supposer pour qu'il y ait lieu à la tutelle légitime?

Jusqu'à ce jour ce point avait échappé à l'attention des romanistes. M. Accarias, dans la deuxième édition de son savant ouvrage, *Précis de Droit romain*, qu'il prépare en ce moment, émet sur ce problème des aperçus tout nouveaux. Je ne veux pas enlever au très-sympathique professeur le plaisir de mettre lui-même en lumière les détails de son ingénieuse découverte; je me contenterai, grâce à une bienveillante indiscrétion, de dire que, s'appuyant sur un passage d'une *laudatio funebris*, contenue dans les *Juris Romani anti*,*ui ves*:*izia*, de M. Ch. Giraud (p. 230), M. Accarias pose cette règle : La femme ne peut être en tutelle légitime que lorsqu'elle succède *ab intestat* à son père.

On appelait tuteur fiduciaire celui qui, après avoir affranchi, en exécution d'un contrat de fiducie, une femme tenue *in mancipio*, en conservait la tutelle à l'exemple du *patronus manumissor*. On a vu (*suprà*, ch. iv) que la femme soumise à une tutelle autre que la légitime était libre de remplacer ainsi son tuteur par un tuteur fiduciaire.

Losqu'un citoyen mourait *ab intestat*, après le décès de tous ses agnats, sa fille se trouvait sans tuteur, *nullus omninò tutor est;* il en était de même pour l'affranchie dont le patron décédait sans enfants mâles. Alors d'après la loi Atilia, ces femmes pouvaient, comme les impubères, s'adresser aux magistrats qui leur désignaient un tuteur ; telle était la tutelle que les interprètes ont nommé *dative*.

Dans le droit primitif la tutelle de la femme nubile, comme celle de l'enfant impubère, consista en deux fonctions, *negotia gerere* et *auctoritatem interponere*. Mais sous la république il arriva que les femmes s'emparèrent de l'administration de leurs biens; le rôle des tuteurs dut se borner à *l'auctoritas*, et devint purement nominal, *dicis causd*; le préteur, sur les instances de la femme, put même contraindre le tuteur à fournir son autorisation. De là ce cri de mauvaise humeur du grand orateur romain : « *Mulieres omnes, propter infirmitatem consilii, majores in tutorum potestate esse voluerunt; invenerunt genera tutorum quæ potestate mulierum continerentur (Pro Murend)*.

Puisque le tuteur, à l'époque de Gaius, n'avait plus la gestion des biens de la femme, il était juste qu'il ne fût point tenu de rendre ses comptes : *cum tutore nullum ex tuteld judicium mulieri datur*. C'est une nouvelle particularité à ajouter à celles déjà signalées : on n'ignore pas en effet que le tuteur de l'impubère était obligé de rendre ses comptes à la majorité de son pupille.

Les lois Julia et Papia Poppæa portèrent un premier coup très-sensible à cette institution; afin d'arrêter les rapides progrès de la décroissance de la population, Auguste accorda le *jus liberorum :* la femme ingénue, mère de trois enfants, était libérée de toute tutelle; l'affranchie qui en avait autant, sortait de la tutelle atilien   ou fiduciaire; celle qui en avait quatre, était libérée même de la t   lle légitime du patron.

Sous Claude, en 708, fut votée la loi Claudia qui supprime la tutelle légitime de agnats. Quant aux autres tutelles, je ne connais aucune loi qui les ai abolies formellement; mais, de même que *la Manus*, elles tombèrent peu à peu en désuétude et finirent par s'éteindre quelque temps avant Constantin. (L. 2. § 1. C. *de his qui ven*. II, 45.)

# ANCIEN DROIT FRANÇAIS

## CHAPITRE I.

### GÉNÉRALITÉS SUR LA CONDITION DE LA FEMME.

Dans notre ancienne France les femmes formaient une classe d'incapables ; certains drois civils leur étaient refusés. Remontons rapidement jusqu'à l'origine de notre Droit.

### DROIT DE LA GAULE LORS DE LA CONQUÊTE PAR CÉSAR.

La puissance maritale est absolue.

« Viri in uxores sicuti in liberos vitæ necisque habent potestatem » (César, *B. G.* VI, 19).

Après la mort de l'époux, surtout lorsqu'il était d'une classe élevée, s'il y avait lieu de soupçonner un crime, les parents du défunt mettaient ses femmes à la question et même à mort. Il résulte de là que la femme entrait dans la famille de son conjoint, puisqu'elle était soumise à la juridiction des parents de celui-ci. (M. Chambellan, *Etudes sur l'histoire du Droit français.*)

Faut-il conclure de ce mot *uxores* que la polygamie était permise chez les Gaulois ?

Un mot d'explication avant de répondre :

Il y avait en Gaule un régime légal des biens. La femme apporte une dot (*pecuniam*, mobilier); le mari doit de ses biens faire un apport égal, constaté par experts.

J'observe que des auteurs ont vu dans cette institution la communauté de biens entre époux ; mais cela n'est pas, j'y vois tout au plus l'idée de la communauté. Il suffit de remarquer que cette masse des deux apports reste entière pendant le mariage, les fruits sont accumulés, tandis que chez nous les revenus sont dépensés. D'après le Code la communauté se partage à la mort de l'un des époux ; en Gaule celui qui survit a toute la masse, son apport aussi bien que celui du défunt avec tout les fruits accumulés. Ce qu'il y a de très-remarquable dans cette institution, c'est l'égalité des apports, de l'attente et du gain de survie.

Quand un homme se marie il diminue sa fortune, puisqu'il est obligé de verser sur ses propres biens une somme égale à la dot de la femme : j'en conclus que la polygamie était peu répandue, car plusieurs mariages nécessitant plusieurs apports auraient épuisé la fortune de l'époux. (M. Chambellan, *Etudes sur l'histoire du Droit français*, p. 283.)

DROIT GERMANIQUE.

En général, la monogamie existait chez les Germains. La femme passe du *mundium* de son père ou de son agnat sous le *mundium* de son mari. Ce *mundium* n'est pas, comme la *manus* des Romains, un pouvoir absolu, c'est un pouvoir tutélaire, de protection, accordé à tous les êtres faibles, femmes, enfants, vieillards.

Le mari donne à sa femme une dot mobilière, bœufs, cheval, bouclier, lance, épée (Tacite). Elle est ainsi avertie qu'elle sera associée à son époux et dans les travaux de la paix et dans les fatigues de la guerre. La dot était comme le prix du *mundium* cédé par le père.

Pendant le mariage la femme est entretenue par son époux ; à la dissolution, elle prend certains biens du défunt, et voilà le commencement du douaire.

### ÉPOQUE GALLO-ROMAINE.

Nous avons étudié la législation romaine ; notre pays jusqu'au v⁵ siècle fut régi par les mêmes lois, il est donc inutile d'y revenir : de même qu'à Rome on refusait à la femme tout ce qui touchait au *munus publicum* ou *civile*.

A l'époque franque quelques légers changements s'opérèrent, mais d'un intérêt secondaire. Je passe à l'époque féodale.

### ÉPOQUE FÉODALE (DU IXᵉ AU XVIᵉ SIÈCLE).

Dans le principe les femmes ne possédaient aucun fief ; on sait en effet que les fiefs comportaient le service de cour et surtout le service militaire, auxquels la femme n'était pas apte. Mais cela dura peu : l'action du christianisme et de la chevalerie leur donna ce privilége : la femme propriétaire de fiefs faisait faire le service militaire ; elle-même souvent rendait des jugements. Cependant une inégalité subsista en matière de succession féodale : à degré égal le mâle puîné primait la fille aînée. Quant à la puissance paternelle, aux droits de garde, la capacité des femmes fut la même que celle des hommes.

Le mari a sur sa femme une autorité qui va jusqu'à la correction : « Il loist à l'homme battre sa femme sans mort et sans méhaing quand elle le meffet. Si comme quand elle est en voie de faire folie de son corps ou quand elle dément son baron, ou maudist, ou quand elle ne veult obéir à ses raisnables commandements que prude femme doit faire. En tel cas et en semblables est bien mestiers que le mari soit castierres de sa femme raisnablement. » (Beaumanoir, *Cout. de Beauvoisis*, Ch. LVII, 6, p. 333).

La noblesse se transmettait par les hommes et non par les femmes, sauf quelques exceptions.

« La noblesse de race et la noblesse par lettres, dit M. Ch. Giraud (*Précis de Droit coutumier*, p. 10), se transmettait aux descendants par mâles nés en légitime mariage. Dans quelques Coutumes seulement la mère noble transmettait sa condition à ses enfants (*le ventre anoblit*), et en Champagne, par un privilége tout spécial, la femme anoblissait même son mari roturier. »

### ÉPOQUE MONARCHIQUE DU XVI° SIÈCLE A 1789.

Dans les derniers temps de la monarchie, d'assez profondes modifications furent apportées dans la condition de la femme. Je me contenterai de résumer brièvement ce qui existait avant la révolution de 89.

1° Les femmes avaient le droit de succéder. Toutefois ce n'était pas absolu : pour la succession des biens nobles, les femmes étaient soumises à certaines règles particulières : 1° Entre plusieurs enfants, le fils puîné prime la fille aînée ; le droit d'aînesse n'existait point entre filles. 2° En ligne collatérale, à degré égal les femmes sont exclues par les mâles. La Coutume d'Auxerre faisait une curieuse exception : quand il s'agissait d'un fief propre de ligne, la fille de cette ligne excluait les mâles qui n'en étaient point. (M. Ch. Giraud, *loc. cit.* p. 50.)

Dans les *Établissements de S. Louis* on lit que toute fille de gentilhomme dotée perd le droit de succession, sans même qu'il soit besoin de renoncer. Cette disposition fut adoptée par les Coutumes de Toulouse, du Maine et d'Anjou. En Auvergne, toute fille noble ou non, dotée ou non, perdait de même tout droit à la succession. Dans la Coutume de Normandie, la fille mariée ou non était exclue par ses frères et les fils de ses frères, si les parents l'avaient pourvue ; s'ils ne l'avaient point pourvue, elle se présentait à la succession et réclamait une part égale à la dot qu'elle aurait reçue ; elle demandait le *mariage avenant.* Faut-il en conclure qu'elle avait droit à une dot, contrairement à la maxime : *Ne dote qui ne veut?* Elle n'a point droit à une dot ; seulement, en vertu d'une sorte de fiction, on agit comme si les parents, surpris par la mort, n'avaient pas eu le temps de s'occuper de l'établissement de leurs enfants.

2° Le témoignage en justice étant considéré comme *munus publicum* leur était interdit.

3° De même la tutelle dative ; la tutelle légitime était.

déférée *de plano* à la mère veuve par certaines Coutumes, mais la plupart la lui refusaient.

4° Obligations pour autrui. — Auguste et Claude avaient défendu aux femmes d'*intercedere* pour leurs maris. Sur la proposition des consuls Marcus Silanus et Velléius Tutor fut rendu, probablement sous le règne de Claude, le célèbre sénatusconsulte Velléien prohibant toute *intercessio*, en faveur d'autrui.

Les juriconsultes des ve et vi[e] siècles empruntèrent au Droit romain le sénatusconsulte Velléien, mais ils se heurtèrent à de grandes difficultés ; en face d'eux se placèrent les praticiens, les tabellions, qui firent dans les actes renoncer la femme au bénéfice du sénatusconsulte. Cette renonciation, devenant une clause de style, rendit illusoire la protection de la loi.

En 1606 intervint une déclaration d'Henri IV qui « défendit à tous notaires et tabellions du royaume, sous peine de suspension et d'amende arbitraire, d'insérer dans leurs actes aucune renonciation au Velléien et aux autres priviléges du sexe, et ordonna que les contrats souscrits par les femmes eussent même effet, force et vertu, que si toutes renonciations y eussent été bien et dûment spécifiées. » C'était, sous une forme détournée, abroger purement et simplement le sénatusconsulte Velléien.

Cette déclaration ne fut pas admise sans résistance.

Les Parlements de Rouen, Rennes, Bordeaux, Pau, Toulouse, Aix, Grenoble refusèrent de l'enregistrer. L'empire du sénatusconsulte se renferma dans les provinces du Centre, tandis que les autres provinces restaient attachées à l'ancienne jurisprudence. Plus tard deux se soumirent à l'édit de Henri IV; deux ordonnances de Louis XIV, en 1683 et en 1704, vinrent confirmer cet édit pour la Bretagne et pour la Bourgogne.

J'ai indiqué sommairement quelle était la condition de la femme dans l'ancien Droit; je m'attacherai plus spécialement à la femme mariée, c'est d'elle que je m'occuperai maintenant.

## CHAPITRE II.

### HISTOIRE DE L'INCAPACITÉ DE LA FEMME MARIÉE.

La puissance maritale ne prend pas son origine dans le Droit romain. La femme est *in manu* et alors traitée comme une fille de son mari, ou bien son mariage a lieu sans *manus*, et dans ce cas elle ne sort point de sa famille naturelle.

En Germanie le père, en mariant sa fille, transporte à son gendre le *mundium*, espèce de pouvoir protecteur, et dans cet usage on peut déjà apercevoir un faible commencement de la puissance maritale.

Ce qui est vrai (M. Chambellan, *à son Cours*), c'est que cette puissance est née de la notion chrétienne.

« Le mari est le chef de la femme », dit S. Paul.

Le système, tel que nous le connaissons aujourd'hui, ne s'est organisé que peu à peu, à mesure des questions soulevées; il est du plus haut intérêt d'en suivre la formation.

Au vii° siècle, je trouve dans une Charte : « Le mari est le représentant légal de sa femme dans les partages et actions pécuniaires. » Ici on avait en vue un intérêt d'argent.

Au viii° siècle, dans deux Chartes, l'autorisation du mari est exigée pour une donation. Au xii° siècle il faut que la femme soit habilitée pour se présenter en justice.

Dans ces deux derniers cas, c'est dans un intérêt de convenance et de moralité.

Le consentement du mari est encore exigé pour l'aliénation par la femme de ses immeubles à elle.

« Si la femme devient caution d'un tiers sans le consentement du mari, celui-ci ne pourra faire annuler l'obligation, mais les effets du cautionnement seront suspendus jusqu'à la dissolution du mariage. » Voilà ce que contiennent les *Assises de Jérusalem.*

Au xiii° siècle, Beaumanoir s'explique ainsi : « Les engagements sans consentement n'obligent pas le mari ; si la femme avant son mariage avait contracté des obligations, leur effet sera suspendu pendant la durée du mariage. (Ch. xxxiv, 50. *Cout. de Beauvoisis.*)

Au xv° siècle dans le *Grand Coutumier* de Charles VI, la femme ne peut ester en justice sans autorisation ; si le mari est absent, elle s'adressera au juge.

Au xvi° siècle le système est complétement établi ; mais on n'a pas encore une idée nette du fondement juridique de l'incapacité de la femme, on ne fait que l'entrevoir :

« Les femmes, écrit Loysel, ne peuvent ni contracter ni ester en justice sans autorisation ; si le mari refuse, le juge interviendra. »

Quel est donc le fondement de l'incapacité de la femme ?

Cette question soulevait les plus vives controverses : elle se pose aussi dans le droit actuel, et j'en renvoie la discussion détaillée au chapitre I de ma Thèse de Droit civil. Qu'il me suffise de dire avec notre excellent maître, M. Chambellan, que la principale, la vraie cause de la puissance du mari, c'est le besoin d'une administration unique, c'est l'intérêt du ménage.

## CHAPITRE III.

### ÉTENDUE DE L'INCAPACITÉ DE LA FEMME.

Au xvie siècle, ai-je dit, le système est constitué : la femme ne peut pas s'obliger, ester en justice, aliéner, sans l'adhésion de son mari ; au refus injuste de celui-ci, la justice intervient ; enfin pour faire tomber son obligation consentie sans autorisation, la femme n'est pas tenue de prouver sa lésion, *restituitur tanquam non capax, sed non tanquam læsa ;* les tiers même ne peuvent prouver l'avantage qu'auraient retiré les époux du contrat passé avec eux.

Passons en revue les diverses incapacités dont la femme était frappée.

## PREMIÈRE SECTION.

### INCAPACITÉ D'ESTER EN JUSTICE.

« Femme ne peut ester en jugement sans le consentement de son mari si elle n'est autorisée. » (Art. 224, *Coutume de Paris.*)

Même au criminel, la femme qui poursuivait une demande en dommages-intérêts devait obtenir le consentement de son conjoint : on avait pensé qu'il était bon de soumettre au mari le procès que sa femme allait engager, pour qu'il réprimât ses entraînements irréfléchis.

La Coutume de Montargis et la Coutume d'Orléans permettaient sans autorisation les demandes en réparation d'injures (dans le sens le plus étendu) faites à la femme.

Pour se défendre au criminel, il est superflu de dire que la femme était absolument indépendante.

## DEUXIÈME SECTION.

### INCAPACITÉ RELATIVE AUX BIENS.

Art. 223. — La femme mariée ne peut vendre, aliéner ni hypothéquer ses héritages sans l'autorité et consentement exprès de son mari, et si elle fait aucun contrat sans l'autorité de sondit mari, tel contrat est nul, tant pour le regard d'elle que de sondit mari, et n'en peut être poursuivie ni ses héritiers qu'après le décès de sondit mari. (*C. de Paris.*)

Jusqu'à Dumoulin, il lui était permis de faire une donation ; le grand jurisconsulte attaqua ce système : « La défense d'aliéner, disait-il, implique la défense de faire une donation. » Sa critique fut admise dans tous les pays coutumiers.

Certaines Coutumes, celles de Bourgogne, de Normandie, du Nivernais, assimilaient le testament aux dona-tions; mais, en général, on reconnaissait la femme capable de tester. Le mariage étant dissous, l'intérêt du ménage disparaît ; d'ailleurs le mari doit intervenir pour *les actes,* or un testament n'est pas un acte, c'est un projet. Tel était le raisonnement fort subtil sur lequel s'appuyait la majorité des Coutumes.

Si le mari veut aliéner un immeuble de sa femme, le mari, pour avoir le consentement de celle-ci, devra lui donner son autorisation.

La femme est incapable d'aliéner, mais quels biens? « Les immeubles, » répond la Coutume de Paris (art. 223). Elle ne parle pas des meubles parce que, la communauté étant le régime habituel des époux, les meubles tombaient dans la communauté. Si ce sont des meubles propres, corporels ou incorporels, la femme ne pourra les aliéner sans l'adhésion de son mari.

---

## TROISIÈME SECTION.

### INCAPACITÉ DE CONTRACTER.

Son incapacité de contracter est absolue, sauf deux exceptions :

1° Point besoin d'autorisation lorsque la femme contracte comme mandataire du mari ou d'un tiers (dans cette dernière hypothèse c'est le tiers qui contracte véritablement; elle n'est qu'une sorte de porte-voix).

2° Point besoin d'autorisation lorsqu'elle contracte pour tirer son mari de prison. Dans ce cas trois conditions étaient nécessaires, elles ont été posées par un arrêt solennel du Parlement de Paris en 1564. Il fallait : 1° qu'il n'y eût pas d'autre moyen pour obtenir la mise en liberté du prisonnier ; 2° qu'il fût réellement en prison, 3° si la femme était mineure, qu'elle fût autorisée de la justice.

La femme ne peut, comme le mineur, contracter dans son intérêt, quand même le résultat serait heureux : on n'envisage pas les avantages ou le dommage que l'acte a produit ; c'est au mari qu'appartient l'administration, or dans la circonstance ce n'est point lui mais la femme qui a agi, donc nullité.

Aussi l'ordonnance sur les donations, de 1731, établissait que les femmes ne peuvent sans autorisation accepter une donation, disposition qui a passé dans le Code civil. Cependant, dans les pays de droit écrit, elles pouvaient acquérir des paraphernaux sans le consentement de leur époux.

La Coutume de Paris (art. 282) interdisait les donations unilatérales de l'un à l'autre conjoint, mais permettait les dons mutuels comme gains de survie. Ces dons devaient-ils être autorisés du mari ? non, disaient Lebrun et Ricard, car 1° les déclarer nuls, c'est retourner contre le mari la puissance établie en sa faveur ; 2° *Nemo postet auctor esse in rem suam*, cette règle si sage sera violée si l'on exige l'autorisation.

On répondait à la première objection : Le législateur de 1731 n'a pas été arrêté par cette idée, car les donations faites à la femme profitent au mari, et dans ce cas pourtant le consentement du mari est nécessaire.

Et à la deuxième objection le Parlement de Paris, par un arrêt de 1735, répondait en distingnant l'autorisation du tuteur romain pour qui cette maxime, *Nemo...*, etc. était faite, et l'autorisation maritale. L'*auctoritas* du tuteur était exigée dans l'intérêt du pupille; il est évident que le tuteur n'est plus apte à autoriser lorsqu'il s'agit de contrats dans lesquels il a un intérêt contraire à celui du mineur; mais la puissance maritale est dans l'intérêt commun des époux, de tous les deux, ce qui est bien différent et rend la maxime romaine inapplicable. Aussi la plupart des coutumes exigeaient l'autorisation.

La femme mariée a besoin de l'autorisation maritale, la femme mariée sous tout régime ? Oui ; cependant on avait fait difficulté pour le régime de la séparation de biens. Dumoulin voulait que dans ce cas l'autorisation ne fût plus nécessaire ; son opinion passa dans les Coutumes de Dunois, de Montargis, de Sedan. « La femme, lit-on dans ces Coutumes, la femme est aussi capable que si elle n'était pas mariée. »

La Coutume de Paris par son texte semblerait adopter le même système : « La femme mariée ne se peut obliger sans le consentement de son mari, si elle n'est séparée ou marchande publique. (Art. 234.) Donc *a contrario*, si elle est séparée l'autorisation est inutile.

La jurisprudence et la doctrine modifièrent cette interprétation trop littérale. Laurières ne l'admet point. « Car les séparations sont souvent temporaires ; la femme pourra contracter, mais point aliéner. » Mais Laurières ne s'est pas aperçu que cette concession pourrait la mener bien loin.

En jurisprudence on tint pour maxime que la séparation a l'effet de l'émancipation pour les mineurs qui permet l'administration, jamais l'aliénation.

Pothier confirme cette décision (n° 15) ; d'après lui « l'incapacité est fondée sur la puissance maritale et sur le régime des biens. » Pothier ne semble-t-il pas en contradiction avec la Coutume de Paris dont j'ai cité le texte? Nullement, ce texte signifie simplement que la femme n'a pas besoin d'autorisation pour les choses d'administration lorsqu'elle est séparée.

*Quid* de la fiancée?

Le contrat de fiançailles mettait la femme sous la protection du fiancé; il se passait devant notaire, était donc authentique, et produisait une double hypothèque, 1° au profit de la fiancée pour la sûreté de ses reprises ; 2° au profit du mari pour la sûreté des conventions matrimoniales.

Les Coutumes d'Artois et de Sedan en concluaient que la femme était incapable d'aliéner et de contracter sans autorisation à partir du jour de ses fiançailles. « *Hoc ineptum est,* » s'écriait Dumoulin ; c'est inepte, car elle peut bien plus, elle peut rompre le contrat. Ferrière, considérant la situation périlleuse des créanciers qui seront souvent trompés et du mari qui le sera toujours, pensait que la fille aliénera et hypothéquera valablement ; les créanciers pourront vendre les biens, mais l'usufruit restera au mari. Cependant on adopta la doctrine de Dumoulin, et comme correctif, d'habitude le mari stipulait la séparation des dettes dans le contrat de mariage.

## QUATRIÈME SECTION.

### DE LA FEMME MARCHANDE PUBLIQUE.

L'incapacité de contracter cessait pour la femme qui avait obtenu de son mari la permission de faire le commerce, sans pourtant que sa situation soit comparable à celle que lui fait notre Code de commerce. Chez nous la femme marchande publique peut aliéner, même ses immeubles (art. 7, C. Com.). Autrefois pour l'aliénation des immeubles il fallait l'autorisation du mari ou de justice : l'intérêt des tiers ne prévalait pas sur l'intérêt de la conservation des immeubles dans les familles.

Les obligations pour opérations commerciales étaient valables quoique l'autorisation n'ait pas été obtenue spécialement pour chacune; elles étaient exécutoires sur les meubles et sur les immeubles, même sur ceux dont la jouissance appartenait au mari, même sur ceux du mari, si les époux étaient communs en biens. La femme sous ce régime est en effet censée faire un commerce dont le mari est le chef, le patron véritable. L'article 220 du Code civil a suivi l'ancien droit.

Pour ester en justice, la femme marchande dans les Coutumes de Sedan (art. 80), Mantes (art. 125), Montargis, est dispensée d'autorisation, sa capacité est la même que pour s'obliger. Dans le droit commun il lui fallait l'autorisation de son mari, ou de la justice même. Pothier explique ce retour à la règle : «Si le mari en lui permettant de faire un commerce est censé lui permettre de faire sans le consulter tous les actes relatifs à ce commerce, ce n'est pas une conséquence qu'il doive être censé lui avoir permis pareillement d'intenter et de soutenir sans son consentement des procès quoique relatifs à son commerce » (n° 62 *Puissance du mari*). La raison n'est pas sérieuse; la véritable c'est que les procès ne sont pas quotidiens comme les actes de commerce, et il est dès lors facile au mari d'examiner la matière en litige et de donner son avis. Le Code civil a reproduit ce système dans l'article 215.

## CHAPITRE IV

### DE L'AUTORISATION MARITALE.

### PREMIÈRE SECTION

#### FORMES DE L'AUTORISATION.

Le consentement du mari devait être exprès et spécial. Le mot *autoriser* était nécessaire, *sicut sonat*, dit Tiraqueau (*De legibus connubii*, p. 3). « Ce terme est comme sacramentel, et je ne vois que celui d'*habiliter* qui paraisse équipollent. (Pothier, *De la puissance du mari*, n° 145). Il aurait soucrit l'obligation de sa femme sans exprimer le mot consacré, la nullité n'en existerait pas moins.

Une autorisation générale ou une autorisation d'aliéner tous les immeubles, même par contrat de mariage, n'était pas valable ; on la ramenait à une autorisation d'administrer. Il en est de même dans notre Code (article 223).

Cependant par faveur pour le contrat de mariage la Coutume du Berry déclarait valables les autorisations générales données par cette sorte de contrats ; mais je le repète, la plupart des Coutumes les invalidaient ; toutefois elles étaient permises dans deux cas exceptionnels :

1° Si le mari autorisait la femme par contrat de mariage à administrer ses biens. C'était le régime de la séparation de biens fort peu répandu d'ailleurs.

2° Si le mari, soit dans le contrat de mariage, soit ultérieurement, autorisait sa femme à faire le commerce.

---

## DEUXIÈME SECTION.

### DES CAS OU LE MARI ÉTAIT DANS L'IMPOSSIBILITÉ D'AUTORISER SA FEMME.

A. — Il pouvait arriver que le mari fût absent, et alors comment agir ? Le principe qui l'avait définitivement emporté en matière d'absence était celui-ci : l'absent n'est présumé ni vivant ni mort ; c'est à celui qui y a intérêt à prouver la mort. D'après cela on distinguait : pour ester en justice sans autorisation la femme devait apporter la preuve de la mort de son conjoint ; à défaut de cette preuve, l'autorisation de la justice était indispensable. Quant aux obligations, Pothier pense que l'absence du mari émancipe la femme ; toutefois il engage la femme à obtenir l'autorisation générale de la justice, c'est une mesure de prudence qu'il lui conseille (n° 27). L'article 222 du Code civil n'a pas adopté l'avis du grand jurisconsulte : il prohibe toutes les autorisations générales.

Enfin *quid* des aliénations ? Je n'ai trouvé rien de précis qui me donne sur cette question une solution satisfaisante. M. Chambellan pense que la femme, même munie d'une autorisation générale, ne pouvait aliéner les immeubles. Je me rattache avec empressement à cette opinion qui est conforme au principe si cher à l'ancien Droit de la conservation des biens dans les familles. J'ajoute que Pothier, dans la citation que je lui empruntais tout à l'heure, parle d'autorisation générale à propos de l'administration et nullement à propos de l'aliénation des immeubles.

B. — Lorsque le mari avait été condamné contradictoirement à une peine emportant mort civile, sa puissance sur sa femme s'évanouissait. Lorsque la condamnation était par contumace, on distinguait : si le mari mourait après l'expiration du délai de cinq ans sans s'être représenté, il avait perdu la vie civile du jour de l'exécution par effigie ; s'il mourait dans ce délai de grâce, ou se représentait, ou était arrêté après son expiration, la condamnation tombait et la femme, pendant toute cette période, avait été réellement soumise à l'autorité maritale ; les actes faits par elle sans la formalité de l'autorisation étaient nuls.

C. — Si le mari était en démence, l'autorisation de justice était toujours indispensable. .

D. — L'un des époux pouvait être mineur, tous les deux pouvaient même n'avoir pas atteint leur majorité : que décider dans ces hypothèses ? La première rédaction de la Coutume de Paris (1510) ne faisait pas de distinction entre les époux majeurs et les époux mineurs ; pour la Coutume il semble que le mariage les rende majeurs.

Dumoulin critiqua dans une note sur l'article 117, et sous son inspiration la seconde rédaction (1580), dans l'article 239 corrigea l'article 117 ; il fut décidé que si les époux étaient mineurs, ils seraient seulement capables d'administrer ; si donc des deux conjoints aucun n'avait atteint sa majorité, la femme munie du consentement du mari faisait valablement les actes d'administration.

Pour les actes dépassant l'administration ordinaire, il lui fallait non pas, comme dans notre législation (art. 224 *Code civil*), l'autorisation de justice, mais bien l'assistance d'un curateur *ad hoc* autorisé du mari. Remarquons cette bizarrerie : le mari étant mineur ne peut ni aliéner ni contracter, et pourtant il autorisera à aliéner et à contracter. Supposons le mari majeur et la femme mineure : tous deux étaient capables des actes d'administration, car le mariage a émancipé la femme. Quant aux autres actes, le mari peut ou se faire curateur de sa femme et agir lui-même ou lui en faire nommer un, et à ce curateur il donnera son autorisation.

Enfin le mari était mineur, la femme majeure : tous deux étaient capables d'administrer. Mais le mari pourra-t-il habiliter sa femme à accomplir les actes dépassant l'administration ? Oui, le mari mineur a autant de puissance que le mari majeur.

# CHAPITRE V.

## AUTORISATION DE LA JUSTICE.

La justice intervenait et autorisait la femme lorsque le mari refusait à tort son consentement, et aussi lorsque celui-ci était incapable d'exercer son droit, ainsi que je l'ai expliqué dans le chapitre précédent.

La femme à qui son mari avait refusé son adhésion lui faisait sommation d'avoir à se prononcer définitivement : si cette démarche ne réussissait pas, elle s'adressait par requête au juge, qui, après avoir pris connaissance de l'affaire, donnait ou refusait l'autorisation.

Les articles 861 et 862 du Code de procédure ont reproduit, à peu de chose près, ce système.

L'autorisation judiciaire avait la même force que celle du mari, mais elle ne l'atteignait point : les obligations de la femme étaient exécutées sur ses biens propres, sur les biens de la communauté jusqu'à concurrence de ce dont elle (la communauté) avait profité, jamais sur ceux du mari.

---

# CHAPITRE VI.

## SANCTION DE L'INCAPACITÉ DE LA FEMME MARIÉE.

La sanction de l'incapacité de la femme est la nullité ; mais quelle est l'étendue de cette incapacité ? qui peut l'invoquer ?

A l'origine le mari seul pouvait se prévaloir du défaut d'autorisation, la femme n'en avait pas le droit ; si elle était poursuivie, le mari arrêtait la poursuite ; une fois le mariage dissous, l'acte reprenait sa force. La doctrine en vint à lui associer la femme et ses héritiers, qui eurent dès lors le droit d'invoquer la nullité. Le dernier progrès législatif fut l'article 225 de notre Code.

Les jurisconsultes contemporains sont unanimes pour enseigner que la relativité de la nullité a été introduite par le Code. Ainsi M. Demolombe avance très-hardiment : « Que cette nullité était autrefois absolue, proposable même par ceux qui avaient contracté avec la femme » (n° 337, T. II, *du Mariage*).

Je soutiens avec l'autorité de mon excellent maître, M. Chambellan, que dans l'ancien Droit la nullité n'était point absolue, qu'elle était proposable par certaines personnes seulement. C'était une nullité d'ordre public, voilà tout, et il ne s'ensuit pas nécessairement qu'elle fût absolue. Ainsi dans le Code la nullité de certains mariages (pour défaut d'âge, pour bigamie, pour défaut de consentement des parents) est d'ordre public et n'est pas invocable par toute personne.

M. Merlin fit le premier cette erreur en concluant de la nullité d'ordre public à la nullité absolue ; depuis, les jurisconsultes les plus éminents, sans prendre la peine de remonter aux sources et de vérifier, ont à l'envi proclamé la même chose et en ont fait une sorte de vérité indiscutable.

J'espère montrer qu'ils ont eu tort d'être aussi affirmatifs : la théorie de l'ancien Droit n'a pas été rejetée

par le Code, et les dispositions qui nous régissent actuelle-
ment ne diffèrent point de celles d'avant 1789. Comme
autrefois la nullité n'est que relative, certaines personnes
seulement à qui la loi a spécialement donné qualité à cet
effet peuvent l'invoquer.

Et maintenant examinons :

La nullité s'est développée historiquement.

Au xiii° siècle seul le mari l'invoque; par suite elle
est temporaire et disparaît avec le mariage. En tra-
çant l'historique de l'incapacité qui affecte la femme
mariée (Chap. ii), j'ai montré Beaumanoir voulant que
l'effet des actes accomplis par la femme soit suspendu
pendant le mariage.

La Coutume de Bretagne est une de celles qui suivirent
l'avis de Beaumanoir sur la relativité de la nullité.
L'art. 424 s'exprime en ces termes : « L'homme n'est
tenu de répondre des contrats que sa femme fasse depuis
qu'elle est épouse. » Ces mots : *n'est pas tenu de répondre*,
indiquent que le mari peut seul opposer la nullité par
voie d'exception; mais cet article abandonne le système
de Beaumanoir pour les actes faits avant le mariage,
ces actes seront opposables au mari.

On discutait d'abord la question de savoir si la nullité
s'évanouit avec le mariage ou si cette nullité était telle
que même après le mariage elle était opposable.

Coquille (*Cout. du Nivernais*) est d'avis que cette nullité
disparaît à la mort du mari, car elle a un caractère acci-
dentel, elle n'existe qu'en sa considération.

A la même époque au contraire Dumoulin, commentant
la Coutume de Troyes, écrivait que la nullité persistait

*et etiam soluto matrimonio.* Puis annotant l'article 114 de la Coutume de Paris qu'il ne trouve pas suffisamment explicite, il essaye de faire triompher son opinion. « La femme n'est pas tenue, dit-il, après la mort de son con· joint, et si quelques arrêts ont jugé autrement, c'est un abus. »

Un arrêt du Parlement de Paris suspend la nullité durant lo mariage. « *Hoc prorsus non valet,* » répète Dumoulin.

Enfin sur la Coutume de Sens, à ces mots : « l'acte ne peut être au *préjudice d'elle,* » Dumoulin ajoute : « *d'elle et de ses héritiers.* » Il considère la nullité comme intrinsèque.

Ainsi la doctrine et la jurisprudence sous l'inpulsion de Dumoulin tendaient à faire survivre la nullité au mariage, et non pas seulement à suspendre les effets du contrat durant le mariage, comme au temps de Beaumanoir.

Une deuxième question se présentait ensuite :

L'acte durant le mariage peut-il être considéré comme nul à l'égard du mari et valable à l'égard de la femme? La nullité n'est-elle pas au contraire indivisible?

Plusieurs Coutumes tendaient à battre en brèche le système de Beaumanoir. La Coutume de Sens disait : « *L'acte ne vaut.* » La Coutume de Paris : « La femme *ne peut pas.....* etc. (art. 234). Des juristes s'emparant de ces expressions affirmaient que l'acte était nul, *quod nullum est nullum producit effectum,* et par suite la femme et les héritiers seront recevables à invoquer la nullité.

J'ai observé que des Coutumes, et nota·ment la Coutume de Bretagne, posent le droit du mari en ces termes:

« L'homme n'est tenu de répondre des contrats... etc. »
(art. 424). La nullité n'est point expressément prononcée. D'Argentré, dans ses gloses sur la Coutume,
argumente de ces expressions pour décider que le mari a
une fin de non-recevoir absolue contre l'acte même
avantageux conclu par la femme, et il ajoute :

« La femme ne pouvait faire l'acte, elle était incapable
comme le mineur ; or celui-ci peut invoquer l'acte s'il
lui est avantageux, donc la femme pourra se prévaloir
de l'acte qui lui profitera, pourvu que cela ne touche
en rien le mari, « *nullo modo maritus de his conveniri
possit.* »

Sur la question : la femme est-elle recevable à invoquer
la nullité? d'Argentré pense que la femme n'était pas
obligée par l'acte qu'elle était légalement incapable d'accomplir ; son contrat est absolument nul, et elle pourra
en invoquer la nullité. Telle est la théorie de d'Argentré :
la Coutume semblait n'accorder qu'une exception au
mari ; d'Argentré veut que la nullité soit proposable
même par voie d'action par le mari comme par la
femme.

Le terrain était donc préparé pour la réforme. En effet,
sous ces influences lors de la seconde rédaction de la
Coutume de Paris en 1580, l'article 223 ajouta à l'ancien
article que le contrat est nul   nt au regard de la femme
qu'au regard du mari et qu'elle ne peut être poursuivie
après la dissolution du mariage.

L'article 225 du Code civil a suivi la voie tracée par
l'ancien Droit.

Quant aux tiers la Coutume de Paris ne les exclut pas

il est vrai, mais d'après cet historique on voit que la doctrine de nos jours est celle qui était en vigueur autrefois. Le mari eut toujours l'action en nullité ; le progrès consista seulement à la donner aussi à la femme et aux héritiers.

Quelles réflexions inspirent aux légistes la nouvelle rédaction de la Coutume de Paris?

Lebrun se pose la question : Peut-on, de ce que le texte est muet quant aux tiers, décider que ceux-ci n'ont pas l'action en nullité? et il conclut affirmativement : « car c'est un privilége du mari et de sa femme. »

Ferrière de son côté pense que si le contrat est avantageux pour la femme le cocontractant ne pourra pas opposer la nullité.

Avant de terminer, un mot sur la ratification. Était-elle admise, et, en cas de réponse affirmative, avait-elle un effet rétroactif?

Lebrun (*de la Communauté*, n° 4) part de ce principe que la ratification est unilatérale, or l'acte unilatéral ne peut faire valoir un acte bilatéral, par conséquent le contrat devra être passé à nouveau.

Remarquons que Lebrun disait tout à l'heure que la nullité n'est pas opposable par les tiers ; il se contredit donc, car maintenant il reconnaît implicitement que l'autre partie n'est pas liée.

Dans un autre système on admet que la ratification est possible, mais que son effet ne se produit que *ex nunc*. La ratification vaudra comme un nouveau contrat du moment où les tiers auront persévéré dans la volonté de contracter.

Enfin un troisième système, présenté par Chopin et Ferrière, admettait la rétroactivité de la ratification. « C'est, dit Ferrière, une solution constatée en pratique, pourvu que cette rétroactivité ne nuise pas aux tiers, c'est-à-dire aux créanciers intermédiaires de la femme. »

---

## CHAPITRE VII.

### DROITS DE LA FEMME SURVIVANTE DANS LA SUCCESSION DE SON MARI.

On ne trouve aucune trace de droit appartenant à la femme dans la succession de son mari prédécédé, avant la deuxième race des rois de France : les Capitulaires attribuent à la veuve une part en concours avec ses enfants.

Au $XII^e$ siècle, d'après les Assises de Jérusalem la femme succède en pleine propriété à l'universalité des propres du mari, à l'exclusion des enfants, quand même les époux auraient été mariés sous le régime de la communauté. La communauté était partagée, et la femme avait usufruit même sur la part des héritiers du mari. On expliquait cette disposition bizarre qui faisait passer les biens propres de la famille du mari dans les mains de la femme, en observant que l'épouse a, plus que personne, des droits sacrés sur la fortune de son mari. Rien de plus vrai quant aux biens de communauté, mais rien de plus faux pour les biens propres.

Au xiii° siècle une ordonnance de Philippe-Auguste régla la succession de la femme. 1° La veuve ne succède plus aux propres du mari ; ces propres passent aux héritiers du sang. 2° Elle succède sur les conquêts à la moitié en pleine propriété et en outre prend l'usufruit de l'autre moitié dont la nue propriété écheoit aux héritiers.

Au xvi° siècle, les Coutumes se divisaient sur cette matière en trois classes. La première qui préférait au conjoint tous les héritiers et même le seigneur, telle était la Coutume du Bourbonnais. La seconde qui préférait le conjoint, à défaut des hérétiers du sang, au seigneur et au roi; telle était la Coutume de Poitou. Et la troisième composée de Coutumes muettes à ce sujet. D'ordinaire dans le territoire soumis à cette troisième classe on suivait le second système.

Une grande question était agitée parmi les jurisconsultes dans notre ancienne France : Le conjoint est-il héritier?

Les légistes du xviii° siècle répondaient presque tous négativement. Ils le considéraient comme un successeur irrégulier, et pour le prouver ils raisonnaient ainsi :

1° Dans la succession légitime le plus proche parent qui accepte sous bénéfice d'inventaire est exclu par le parent le plus éloigné qui accepte sans condition; or le conjoint, lui, ne sera jamais exclu, l'État qui vient immédiatement après lui ne peut s'emparer de l'héritage que s'il renonce.

2° En succession légitime, il y a une légitime, une réserve; mais le conjoint n'y a aucun droit.

3° Tous les hérétiers du sang succèdent aux fiefs.

excepté le conjoint, donc par ces motifs le conjoint n'est pas héritier.

Voici les réponses que l'on faisait :

1° S'il y a un seul parent, il n'y aura pas à craindre qu'il soit exclu.

2° S'il n'y a point de descendant il n'y aura point de légitime ; si la succession ne comprend pas de propres, alors point de réserve.

Enfin 3° le conjoint viendra *à    us les biens*, du moment où il ne se trouvera aucun fief dans l'héritage du défunt. A cette époque il y avait succession aux meubles, succession aux immeubles, le conjoint survivant a vocation à toutes ces successions.

La grande raison de douter était le célèbre principe : *Deus solus, non  homohæred  ...*..... Mais je me décide à admettre que le conjoint était héritier en me rappelant qu'il avait la saisine, or la saisine fait l'héritier.

Lors de la séparation d'habitation obtenue contre elle la femme perdait son droit de succession.

# DEUXIÈME PARTIE

---

# DROIT CIVIL FRANÇAIS

---

## De l'incapacité de la femme mariée.

### CHAPITRE I.

DES MOTIFS QUI ONT DÉTERMINÉ LE LÉGISLATEUR A FRAPPER D'INCAPACITÉ LA FEMME MARIÉE.

A l'imitation de l'ancien Droit, le Code civil a organisé le mariage comme une société où le mari est chef et la femme dans un certain état de dépendance, dépendance que je blâme, mais qui pourtant n'a rien de l'humble et pénible situation faite à l'épouse *in manu* à Rome.

En exposant les principes du Droit Coutumier sur cette matière, j'ai signalé les vives controverses relatives aux motifs qui servent de base, de fondement rationnel et juridique à l'incapacité de la femme, et j'ai renvoyé à plus tard l'exposé des divers systèmes. Le moment est venu de m'en occuper.

### PREMIER SYSTÈME.

L'incapacité est fondée sur le principe du respect que doit une inférieure à son supérieur; l'autorisation est exigée dans l'intérêt de la puissance maritale.

En effet les veuves, les filles majeures ne sont pas incapables, et cette observation prouve également que l'incapacité n'est pas fondée sur la faiblesse, sur l'igno- rance du sexe, il faudrait supposer que le mariage altère les facultés de la femme ou son aptitude aux affaires, ce qui serait absurde.

Pothier (*Traité de la Puissance du mari*, 3) développe cette opinion dans les termes suivants : « On peut définir l'autorisation du mari qui est nécessaire à la femme, un acte par lequel le mari habilite sa femme pour quelque acte qu'elle ne peut valablement faire que dépendamment de lui.

« Le besoin qu'a la femme de cette autorisation de son mari n'est pas fondé sur la faiblesse de sa raison, car une femme mariée n'a pas la raison plus faible que les filles et veuves qui n'ont pas besoin d'autorisation.

La nécessité de l'autorisation du mari n'est donc fondée que sur la puissance que le mari a sur la personne de sa femme qui ne permet pas à sa femme de rien faire que dépendamment de lui. »

Le président Bouhier (*Observ. sur la Cout. du duché de Bourgogne*, CHAP. XIX, n°ˢ 46-51) explique avec la plus grande netteté les motifs de l'autorisation : « Les bonnes mœurs et l'honnêteté publique ne permettent pas à la femme d'avoir communication d'affaires avec autrui sans le vu et le congé de son mari pour éviter la suspicion. » (Delvincourt, t. I, n° 11 ; Toullier, t. II, n° 615; Merlin, *Puissance maritale;* Dalloz, *Jurisprudence générale,* t. X.)

Je n'admettrai point ce système pour plusieurs raisons.

1° Si l'autorisation était exigée à cause du respect dû au mari, le mari mineur pourrait autoriser sa femme, et pourtant on sait que cela n'est pas. Pothier, lui, qui basait l'incapacité sur ce motif, poussait la conséquence jusqu'au bout et décidait que le mari mineur autoriserait. Les rédacteurs du Code en n'accordant pas ce pouvoir au mineur ont donc été mus par un autre motif que celui de Pothier.

2° La femme a droit d'accomplir beaucoup d'actes de la vie civile sans aucune autorisation : son testament (art. 226 et 905), reconnaissance d'un enfant naturel né avant le mariage d'un autre homme que de son mari (art. 337); sous le régime de la séparation de biens, sous le régime dotal quant aux paraphernaux, elle administre ses biens; enfin sous tout régime, par contrat de mariage il lui est permis de se réserver cette administration. Eh bien! pour tous ces actes aucune autorisation n'est nécessaire. Donc les rédacteurs du Code n'avaient pas en vue la puissance maritale.

3° La femme peut elle même opposer la nullité résultant du défaut d'autorisation (art. 225); si cette nullité est née de la violation de l'autorité maritale, comment comprendre que la loi ait permis à la femme de s'en prévaloir?

4° Enfin si le respect dû au mari était le motif qui a

véritablement déterminé le législateur, comment admettre que le juge en intervenant remplacerait l'autorisation maritale ; ne serait-ce pas encourager la femme au mépris de son époux ?

### DEUXIÈME SYSTÈME.

Les auteurs partisans de cette opinion reconnaissent que l'un des motifs est la puissance maritale, et ils en ajoutent un qu'ils estiment le plus important : la faiblesse du sexe, *infirmitas et imbecillitas sexûs*.

La femme, disent-ils, se défie d'elle-même, et a recours à son mari pour la défendre : elle se marie afin d'avoir un protecteur.

Cela explique très-bien la prohibition faite au mari mineur d'autoriser sa femme (car si jeune il est impuissant à protéger efficacement sa compagne), et aussi pour celle-ci son droit d'invoquer la nullité résultant du défaut d'autorisation. Le mari est-il absent, interdit, le juge le suppléera ; c'est là une preuve évidente du sentiment de méfiance que le législateur a conservé vis-à-vis de la femme, et cette disposition du Code dévoile clairement sa pensée.

Les travaux préparatoires du Code confirment ce système. « Il est constant, disait M. Favard au tribunat, que la loi a déclaré la femme incapable de s'engager afin de la garantir de sa faiblesse et sauver sa fortune. »

« Pothier, disait aussi M. Mouricault, soutient que l'incapacité de la femme est établie, non point dans son intérêt, mais comme une déférence due à son mari, mais cet assujettissement n'a-t-il donc pas aussi pour objet de donner un guide à l'inexpérience de la femme, de lui donner un protecteur contre la surprise? » (Lebrun, *de la Communauté*, liv. II, ch. i, n° 1; Proudhon, t. I, p. 454; Mourlon, *Répétitions écrites*, p. 389).

Je suis tout porté à croire que tel a été en effet le motif principal qui a dirigé les auteurs du Code civil; j'ai rapporté dans l'Introduction de cette Thèse l'opinion du Premier Consul sur la femme et l'influence décisive qu'il exerçait autour de lui : il y a parfaite concordance.

Cependant, si telle est la vérité, je dois observer que les illustres auteurs du Code sont en contradiction avec les données historiques du Droit Coutumier, avec le bon sens et la réalité et enfin avec les autres principes du Droit actuel.

1° Avec le Droit Coutumier..... Au xii° siècle je lis dans les Assises de Jérusalem que si la femme a cautionné la dette d'un tiers sans le consentement de son mari, celui-ci ne sera point reçu à demander l'annulation de l'obligation, mais les effets du cautionnement *seron suspendus* jusqu'à la dissolution du mariage.

Au xiii° siècle, Beaumanoir déclare : « Les engagements sans consentement n'obligent point le mari; si la femme, avant son mariage, a contracté des obligations, leur effet *sera suspendu* pendant la durée du mariage. »

Ainsi les effets des obligations sont interrompus pendant la durée du mariage, et revivent immédiatement à sa dissolution. Ce n'est donc pas à l'*infirmitas*, à l'*imbecillitas sexus* qu'il faut attribuer la décision des Assises et de Beaumanoir, car la femme avant, pendant et après son mariage, est restée toujours la même.

2° Avec le bon sens et la réalité..... Je ne reviendrai pas sur ce que j'ai dit dans l'Introduction sur le mérite et l'intelligence des femmes. La femme vaut l'homme comme esprit, comme cœur, comme aptitude aux affaires. En fait, prétendre que la jeune fille qui se marie cherche un protecteur, ce n'est pas vrai ; au contraire les femmes demandent souvent dans leur contrat la séparation de biens comme régime, elles veulent donc garder leur pouvoir ; et même parfois, loin de se livrer follement à leur époux, elles se défient de lui comme administrateur et choisissent le régime dotal.

3° Avec les principes..... Si l'on doit attribuer à la faiblesse du sexe l'incapacité de la femme mariée, les filles et les veuves devraient être déclarées incapables. Cependant elles ont leur pleine capacité. Enfin l'action en nullité devrait appartenir à la femme seule, tandis qu'elle a été accordée aux deux époux et à leurs héritiers.

### TROISIÈME SYSTÈME.

Laurières a formulé la vraie cause de l'autorisation maritale; il admet que la puissance maritale a été prise en considération, mais cela seul ne le satisfait pas. D'après ce savant jurisconsulte, ce qui a déterminé le législateur c'est le besoin commun pour le ménage d'avoir une administration *unique*, c'est l'intérêt de la famille, or le mari est plus propre à cette administration que sa compagne.

Ce système n'est pas blessant pour la femme, il n'attaque en rien son intelligence et ses aptitudes.

Il est conforme à l'histoire du Droit : les Assises de Jérusalem et Beaumanoir suspendent pendant le mariage l'effet des obligations de la femme, afin que l'unité d'administration ne soit pas dérangée.

Il est encore conforme à l'idée qui a fait admettre pour régime habituel la communauté de biens et le mari comme chef de la communauté. Il y a là deux idées corrélatives, à tel point que Dumoulin voulait que la femme reprît son entière capacité après la séparation de biens. C'était aller trop loin, et le Code n'a pas sanctionné cette opinion extrême.

Il explique le droit pour la femme d'opposer la nullité résultant du défaut d'autorisation, car la surveillance du mari ayant manqué, la femme peut invoquer son incapacité qui a compromis les intérêts matrimoniaux dont la gestion ne lui était pas confiée.

Et si le mari mineur ne peut habiliter sa femme, c'est que le législateur a pensé qu'il n'avait pas assez de connaissance, d'expérience pour remplir ses devoirs de chef (Zachariæ, t. III, 323 ; M. Chambellan, à son Cours).

Notre illustre maître, M. Valette, qui dans son ouvrage intitulé *Explications sommaires du Code civil* paraissait suivre le second de ces systèmes, dans son nouveau livre *Cours de Code civil* s'est formellement rallié à cette dernière opinion.

Ainsi je crois que l'incapacité de la femme n'est point fondée sur la puissance maritale ni sur la faiblesse et l'ignorance du sexe; mais elle a pour base l'intérêt de la famille, la bonne administration du ménage.

Ah ! je sais que l'on m'objectera avec beaucoup de justesse que si l'on a voulu favoriser l'unité de la gestion et confier au mari les revenus de la famille, il est bizarre et d'une inconséquence choquante de laisser à la femme, *dans trois régimes sur quatre*, la libre disposition de ses revenus.

Je n'essayerai pas même de répondre, car je pense qu'il n'y a pas de solution possible. J'ai donné le motif qui m'a paru le plus vraisemblable et aussi qui expliquait le plus grand nombre de dispositions du Code ; quant à en fournir un qui les explique toutes, je ne le puis. Ma conclusion la voici : les rédacteurs du Code ne sont point partis d'un principe certain, déterminé; poussés par un sentiment de défiance contre la femme, ils ont accueilli avec empressement un système qui restreindrait le plus possible sa liberté; heureux de satisfaire les préjugés dont ils étaient imbus, peu leur importait d'être logiques.

Dans ce premier chapitre j'ai recherché les principes qui servent de base à l'incapacité ; je vais indiquer maintenant l'ordre dans lequel j'étudierai les règles de cette importante matière.

Chapitre II. Étendue de l'incapacité.

Chapitre III. De l'autorisation du mari et de ses formes.

Chapitre IV. De l'autorisation de justice et de ses formes.

Chapitre V. Des effets de l'autorisation.

---

# CHAPITRE II.

## ÉTENDUE DE L'INCAPACITÉ DE LA FEMME MARIÉE.

Institution de Droit civil, statut personnel, le principe de l'autorisation s'applique seulement à la femme française et la suit partout.

L'incapacité étant une conséquence du mariage commence et finit avec lui. Cette observation n'est pas superflue, car dans l'ancien Droit, certaines Coutumes faisaient naître la nécessité de l'autorisation du jour des fiançailles (*supra*, ch. III, sect. III, *Droit coutumier*).

La séparation de corps ne relève pas la femme de son incapacité, elle n'opère pas en effet la dissolution du mariage et ne fait qu'affranchir les époux de l'obligation de vivre ensemble.

Il est évident que le régime matrimonial adopté par les conjoints peut modifier sensiblement l'étendue de l'incapacité de la femme. Certains régimes lui laissent la libre disposition de ses revenus (séparation de biens) ; un autre confère au mari, à lui seul, tous les pouvoirs (communauté légale), et dans cette hypothèse si la femme contracte ce sera beaucoup moins en son nom propre qu'au nom de son mari, de sorte que les juges auront à trancher bien plus souvent une question de mandat

qu'une question d'autorisation maritale. Toutefois il est
une limite que l'on ne peut franchir et, quelque régime
que les époux aient choisi, l'autorisation sera toujours
exigée pour les actes les plus importants.

## SECTION PREMIÈRE.

### ACTES JUDICIAIRES.

Voici les termes de l'article 215 : « La femme ne peut
ester en jugement sans l'autorisation de son mari quand
même elle serait marchande publique, ou non commune,
ou séparée de biens. »

Ester en jugement..... Ces mots ne sont qu'une corruption et une mauvaise traduction du latin *stare in
judicio.*

D'après cette disposition du Code, la femme ne peut
plaider soit comme demanderesse, soit comme défenderesse, soit comme intervenante, sous quelque régime
qu'elle soit mariée, sans le consentement de son époux.

Je ferai remarquer que ces mots : *quand même elle
serait non commune*, devraient être supprimés de l'article;
ils semblent indiquer que cette qualité de non commune
donne à la femme plus de droits; mais il n'en est rien : le
régime exclusif de communauté est au contraire l'un de
ceux où la femme est le moins libre. C'est une erreur du
législateur. Ainsi sous quelque régime qu'elle soit mariée,

la femme ne peut plaider sans autorisation, lors même qu'elle serait séparée de biens.

Lorsque la femme est marchande publique, le Code, tout en lui laissant le pouvoir d'administrer ses biens, de s'obliger, etc... ne lui a pas permis de plaider sans autorisation. Pour chaque acte de commerce l'intervention du mari eût entraîné des lenteurs préjudiciables à la prospérité de ses affaires, mais les procès sont assez rares pour que dans pareille occasion le mari soit consulté.

Dans l'ancien Droit les Coutumes de Mantes, de Sedan, de Montargis, accordaient à la femme marchande publique le droit d'ester en justice pour les opérations de son négoce, mais la plupart lui refusaient ce pouvoir. Au contraire, on admettait généralement que la femme séparée avait le droit de plaider pour ce qui concernait l'administration de ses biens (Pothier, n° 61).

Le Code a rejeté ces exceptions par la règle générale contenue dans l'article 215.

Sur cet article des contestations assez nombreuses se sont élevées; je les passerai rapidement en revue.

D'après l'article 490 l'un des époux est recevable à provoquer l'interdiction de son conjoint. Supposons que ce soit la femme qui demande l'interdiction de son mari, aura-t-elle besoin de l'autorisation maritale?

Non, prétend-on, c'est la loi elle-même qui par l'article 490 autorise la femme; d'ailleurs en fait comment obtiendrait-elle cette autorisation?... cela n'est pas possible (Lyon 1863; Zachariæ, Aubry et Rau, t. IV, p. 125).

Oui, affirmerai-je; l'article 215 pose une règle générale, l'article 490 n'y déroge point. Si le mari est incapable, l'épouse s'adressera à la justice ; mais il serait dangereux de permettre à une femme de commencer sans contrôle une poursuite aussi scandaleuse (Toulouse 1823, Cassation 1864, Delvincourt, t. I, p. 130 ; Merlin, *Autorisation maritale* ; Valette, *Explications sommaires*).

De même je déciderai que sans autorisation la femme ne peut défendre à une demande en interdiction formée contre elle par sa famille, ni paraître dans une procédure d'ordre.

Une question très-grave est celle de savoir si la femme a besoin d'une autorisation pour intenter contre son mari une demande en nullité de son propre mariage.

Les auteurs et la jurisprudence raisonnent ainsi : L'autorisation est indispensable, car jusqu'à ce que la nullité ait été prononcée, la présomption est pour la validité du mariage, et cette présomption fait loi (Cassation 1845 ; Cassation 1851 ; Lyon 1867 ; Zachariæ, Massé et Vergé, t. I, p. 223 ; Demolombe, *du Mariage*, t. II, n° 127).

Malgré les auteurs et la jurisprudence je ne suivrai point ce système. Dans l'arrêt de 1845 que je viens de citer, la Cour de Cassation s'appuie sur ce que la loi n'a fait aucune exception aux articles 215 et 218 ; l'argument est mauvais, dans la circonstance présente on ne cherche pas une exception à ces deux articles, mais on se demande si c'est le cas de les appliquer. Si vous exigez de la femme l'autorisation de son mari, elle vous répondra : Cela regarde la femme mariée, moi je ne suis pas mariée. Et comment vouloir que cette femme, qui prétend avoir conservé son indépendance, aille précisément en demandant une autorisation reconnaître l'existence de son mariage ? C'est là une contradiction frappante et dans laquelle je ne veux pas tomber.

Et puis, ajouterai-je, si la femme obtient de son mari un consentement à l'action en nullité qu'elle intente, il y aura accord des parties, et l'on sait combien le Code a cherché à éviter pareille entente en des circonstances à peu près semblables, dans les demandes en séparations de biens ou de co:ps, et avant la loi du 8 mai 1816, dans les demandes en divorce.

On a soutenu que la femme n'a pas besoin d'autorisation lorsqu'elle plaide contre son mari. Exiger le consentement de ce dernier ce serait supprimer le droit de la femme, car il est plus que probable qu'il le refusera toujours. Demander celui de la justice qui ne pourra refuser serait dérisoire ; il est plus simple de dispenser la femme de cette formalité.

Cette opinion me paraît erronée : rien n'empêche la femme de s'adresser à la justice qui l'habilitera à ester, ou rejettera sa requête si elle lui paraît mal fondée. D'ailleurs l'article 215 est absolu dans ses termes : quel que soit l'adversaire, elle doit être autorisée.

L'autorisation est toujours nécessaire devant quelque degré de juridiction que la femme se présente, même en conciliation devant le juge de paix, car de cette comparution peut naître un procès.

Si un procès a été entamé par la femme avant son mariage, pour le continuer après le mariage elle devra obtenir le consentement de son époux.

Lorsque le législateur a interdit à la femme d'ester en

justice à l'insu du mari, il pensait qu'il fallait la garder contre la tentation de plaider ; quant aux actes purement conservatoires de ses droits, l'autorisation ne sera pas nécessaire, du moment où la femme n'en poursuivra pas les effets devant les tribunaux. C'est ainsi qu'il lui est parfaitement loisible de faire transcrire son acte de mariage (art. 171); transcrire une donation (art. 940); inscrire son hypothèque légale (art. 2194); faire des sommations, des protêts, des oppositions. Là en effet *non stat in judicio*, mais elle s'occupe simplement de l'administration de ses biens.

Mais il me paraît que le tribunal de la Seine (19 juin 1863) a été trop loin en décidant que la femme pouvait sans autorisation introduire une instance en référé.

Réciproquement, les tiers exerceront les actes conservatoires contre elle sans qu'il soit besoin d'obtenir adhésion du mari.

L'on vient de voir qu'en matière civile l'autorisation était toujours absolument nécessaire à la femme pour ester en justice ; en est-il de même en matière criminelle ?

L'article 216 est ainsi conçu : « L'autorisation du mari n'est pas nécessaire lorsque la femme est poursuivie en matière criminelle ou de police. »

Il y a donc lieu de distinguer.

L'autorisation sera nécessaire si la femme est demanderesse, et sera inutile lorsqu'elle sera défenderesse.

Retenir la femme qui veut, emportée par la passion, s'engager dans un mauvais procès civil, ce sera servir ses intérêts ; quand elle est attaquée, toujours au civil

si elle n'a aucun moyen de défense, il sera bon de l'empêcher de gaspiller sa fortune en frais inutiles. En matière
criminelle il en est autrement. Le mari pourra encore,
si sa femme est demanderesse, examiner le bien fondé du
procès et donner ou refuser son consentement; les inconvénients ne seront pas considérables. Mais si elle est
poursuivie, la femme a son honneur à défendre, et c'est
une chose trop précieuse, trop délicate pour que le mari
en soit le souverain arbitre. Le crime ou le délit serait-il
même évident, avoué, elle a le plus grand intérêt encore
à obtenir, par des aveux sincères et un profond repentir
de sa faute, un abaissement de peine.

Il serait absurde d'admettre que le mari pourrait
arrêter le cours de la justice en refusant son approbation
à la défense de sa femme. « L'autorité du mari, disait
M. Portalis, disparaît devant celle de la loi, et la nécessité de la défense naturelle dispense la femme de toute
formalité. » (Locré, *Législ. civ.*, t. IV, p. 583.)

La solution serait-elle la même si la femme était poursuivie par la partie civile?

Il faut encore distinguer.

Lorsque la partie civile poursuit accessoirement au
ministère public, les auteurs sont d'accord pour reconnaître que l'autorisation est inutile : dans cette hypothèse
en effet j'ai signalé l'impossibilité qu'il y aurait à laisser
le mari maître de gêner la défense et aussi d'entraver à
son gré l'action publique; et l'action publique et l'action
civile sont intimement unies, puisque la partie lésée peut
former sa demande devant la même juridiction et jusqu'au
moment du jugement.

Lorsque la partie civile agit par citation directe (art. 145 et 182, Code inst. criminelle) le consentement du mari doit-il être obtenu par la défenderesse?

Des auteurs éminents (Zachariæ, Aubry et Rau, t. IV, p. 124; Marcadé, art. 216), prétendent que l'autorisation est nécessaire. Dans ce cas rien n'empêche la partie lésée d'assigner le mari en même temps que la femme : le mari peut avoir un grand intérêt pour éviter un scandale judiciaire, à s'arranger à l'amiable avec le demandeur.

La loi n'a dispensé la femme de la formalité du consentement que lorsqu'elle serait défenderesse à l'action du ministère public ou à la demande de la partie lésée accessoire à cette poursuite ; elle n'a point visé la femme directement poursuivie par la partie lésée, soit devant un tribunal civil, soit même devant un tribunal de justice répressive. La femme doit donc être pourvue de l'autorisation : *Exceptio est strictissimæ interpretationis.*

Ces raisons ne sont point déterminantes : l'article 216 est général, et quand même la poursuite serait intentée directement par la partie civile, la femme n'en serait pas moins poursuivie en matière criminelle ou de police ; je ne vois pas pourquoi l'on ferait une distinction. Les motifs de la loi s'appliquent également à cette hypothèse : on a voulu protéger la défense ; or dès que le procès est engagé, le ministère public a son attention éveillée, il peut examiner l'affaire et, s'il y a lieu, requérir l'application de la loi ; alors on retombe dans la précédente hypothèse. (Cassation, 1837 ; Demante, t. I, n° 299 ; Valette, *Explications sommaires*, p. 23.)

## SECTION DEUXIÈME.

### ACTES EXTRAJUDICIAIRES.

« La femme, même non commune ou séparée de biens, ne peut donner, aliéner, hypothéquer, acquérir à titre gratuit ou onéreux, sans le concours du mari dans l'acte ou son consentement par écrit. » (Article 217.)

J'ai déjà critiqué les mots : *même non commune.*

Je critiquerai encore ces expressions : *donner, hypothéquer*, qui sont de véritables pléonasmes, car les actes ainsi désignés rentrent dans l'aliénation à titre gratuit ou dans l'aliénation à titre onéreux. Il eût été plus simple et plus correct de dire que la femme ne peut ni aliéner ni acquérir.

L'incapacité de s'obliger ne ressort pas expressément de l'article 217, mais elle y est contenue virtuellement. Celui qui s'oblige est en effet tenu sur tous ses biens, présents et à venir ; or pour conférer à des créanciers le droit de faire vendre ses biens, il faut avoir soi-même ce droit. La femme ne peut ainsi s'obliger, pas plus qu'elle ne peut aliéner.

Dans le droit civil français les obligations ou aliénations naissent de cinq sources :

1° De la loi,

2° Des contrats,

3° Des quasi-contrats,

4° Des délits et des quasi-délits.

Recherchons l'étendue de l'incapacité dans chacune de ces sources.

## 1. La Loi.

La femme peut parfaitement aliéner ou se trouver obligée sans qu'il y ait consentement de son mari, lorsque l'aliénation ou l'obligation dérive de la loi. La loi, qui donne elle-même un mandat à la femme, l'habilite par cela même à toutes les conséquences de ce mandat.

La femme n'aura donc pas besoin de l'autorisation maritale pour exercer ses droits de puissance paternelle (consentement au mariage de ces enfants, art. 148; acceptation des donations qui leurs seront offertes, art. 935.)

Il faut en dire autant de l'acceptation et de la gestion d'une tutelle dans les cas où cette charge publique lui écheoit (art. 390, 395, 396, 442 n° 3) (*Contra :* Duranton, t. II, n° 500.)

La femme sera encore tenue dans cette hypothèse de Pothier : « J'ai prêté à une femme mariée une somme de 1000 écus sans qu'elle ait été autorisée à l'emprunter ; mais elle en a profité, étant justifié qu'elle l'a employé en entier à l'acquittement de ses dettes. Pourrai-je exiger cette somme ? La réponse est qu'elle n'a pu à la vérité contracter l'obligation de me rendre cette somme qui naît du contrat de prêt, car n'ayant pu valablement faire ce contrat sans être autorisée, elle est incapable de l'obligation qui naît de ce contrat ; mais si elle n'est capable de cette obligation qui naît du contrat de prêt, elle est capable de celle que forme la loi naturelle seule et indépendamment d'aucun contrat. Cette loi ne permet pas qu'on puisse s'enrichir aux dépens d'autrui, *Neminem æquum est cum alterius detrimento locupletari* (L. 206, *de Regulis juris*; Dig.) et elle oblige en conséquence cette femme à me rendre la somme qu'elle a reçue de moi, et qui lui a servi à acquitter ses dettes ; sans quoi elle s'enrichirait à mes dépens, ce que la loi naturelle ne permet pas. » (*Traité de la Puissance du mari*, n° 51.)

Dans notre droit la dette dont il s'agit dans cette hypothèse tombe sous le coup de l'article 1241.

Il y a aussi certains actes que la femme, sous quelque régime qu'elle soit mariée, peut accomplir sans d'autre autorisation que celle de la loi.

Tels sont :

1° Son testament. Les articles 226 et 905 sont formels. Dans l'ancien droit, comme nous l'avons vu, des Coutumes exigeaient l'autorisation pour le testament ; les jurisconsultes du temps reconnaissaient eux-mêmes l'abus : « Cela est bien rude, » disait Guy Coquille (*Droit des gens mariés*, art. 1).

Le législateur moderne a pensé que le testament devait être l'œuvre de la personne même, dégagée de toute influence étrangère ; d'ailleurs le testament n'ayant d'effet qu'à la mort, l'union sera dissoute, et la puissance maritale ne subira aucune atteinte.

2° La révocation de son testament ou des donations consenties à son conjoint durant le mariage.

3° La reconnaissance d'un enfant naturel né avant le mariage. L'article 337 reconnaît à chacun des époux le droit de faire cette reconnaissance ; si la femme avait besoin d'une autorisation, elle serait paralysée par la crainte de son mari, et il lui serait souvent fort difficile de remplir ce devoir que lui dicte sa conscience.

### 2° Les Contrats.

Si l'on prenait à la lettre l'article 217, l'incapacité de la femme serait absolue et indépendante du régime matrimonial choisi par les époux ; mais l'article 1.24 suppose une distinction que l'article 1449 consacre et qu'il importe de connaître.

Les époux sont-ils mariés sous le régime de la communauté ou de l'exclusion de communauté, ou sous le régime dotal (quant aux biens constitués en dot), le mari a l'administration des biens de sa femme et les règles de l'incapacité sont applicables à celle-ci dans toute leur rigueur.

Y a-t-il séparation de biens contractuelle (art. 1536) ou judiciaire (art. 1449) ; sont-ils mariés sous le régime dotal (en ce qui concerne les biens paraphernaux, art. 1576), ou même sous tout autre régime quant aux biens dont elle s'est réservé l'administration et la jouissance (art. 1534), alors la femme a l'administration libre de ses biens, et d'importantes exceptions doivent être apportées aux principes généraux.

Il faut donc combiner les articles 1449, 1534, 1536 et 1576 avec l'article 217 ; il nous faut rechercher les contrats dans lesquels l'autorisation est toujours indispensable à la femme même administratrice, et les contrats que son droit d'administration lui donne la faculté d'accomplir librement. Le Code à ce propos est d'un laconisme regrettable ; aussi la distinction à établir est-elle des plus délicates.

D'abord il n'y a pas à distinguer la séparation de biens contractuelle et la séparation judiciaire.

Des auteurs ont prétendu que celle-ci conférait à la femme une capacité plus étendue : ainsi la femme séparée de biens par contrat n'aurait pas, comme la femme séparée judiciairement, le droit de disposer de son mobilier et de l'aliéner.

L'article 217, disent-ils, défend à la femme séparée de biens d'aliéner sans le consentement de son mari, l'article 1449 lève la prohibition pour la femme séparée par jugement, mais la règle reste applicable à la femme séparée par contrat. Cette interprétation est confirmée par l'article 1536, qui, s'occupant de la femme séparée par contrat, est d'accord avec l'article 217 et diffère essentiellement des termes de l'article 1449.

Ajoutez, et c'est le motif rationnel sur lequel est appuyé ce raisonnement, que le mauvais état des affaires du mari entraînant une séparation de biens judiciaire, met toujours la femme dans une plus grande gêne qui exige de sa part l'emploi de plus grandes ressources (Vazeille, t. II, n° 315 ; Fouquet, *Encyclopédie du Droit*, n° 53.)

La réponse est facile : L'article 1449 traite de la séparation de biens judiciaire ; l'article 1536, de la séparation par contrat. Or l'article 1536 accorde à la femme séparée

conventionnellement l'entière administration de ses biens,
de même que l'article 1449 l'accorde à la femme séparée
par jugement; les expressions sont presque les mêmes,
et pourtant cet article 1536 ne lui conférerait qu'un pouvoir moins étendu.

Lisez l'article 1538, qui déclare la femme séparée con-
tractuellement incapable d'aliéner *ses immenbles;* à quoi
bon cette prohibition si la femme est déjà affectée d'une
incapacité générale d'aliéner? faudra-t-il supprimer cet
article comme inutile?...

La considération rationnelle tirée du mauvais état des
affaires du mari dans l'hypothèse d'une séparation judiciaire, et invoquée par nos contradicteurs, n'est pas
sérieuse, car la détresse du mari serait au contraire une
raison pour veiller plus attentivement encore à la conservation des biens de la femme, à leur bonne administration,
puisqu'ils restent comme dernière et unique ressource
aux besoins de la famille.

La vérité est qu'il n'y a entre les deux espèces de séparation aucune différence; la capacité de la femme
séparée de biens par jugement est la même que celle de
la femme séparée par son contrat de mariage.

Cette première distinction étant écartée, je distinguerai
deux classes de contrats : les uns pour lesquels la femme,
même séparée, est dispensée d'autorisation; les autres
pour lesquels l'autorisation est toujours absolument nécessaire.

### I. *Actes que la femme séparée peut faire sans autorisation.*

La femme séparée, ou la femme qui a la gestion de certains de ses biens, est capable de faire tous les actes d'administration, mais elle demeure incapable d'accomplir un acte de disposition. La difficulté est de définir ce qu'il faut entendre dans l'espèce par acte d'administration et par acte de disposition.

Sur certains points pas de contestation ; ainsi la femme en vertu de son droit d'administration, pourra :

1° Toucher ses revenus, en poursuivre le recouvrement par voie d'exécution.

2° Acquiescer aux demandes relatives à ses meubles et à celles relatives à l'administration des immeubles.

3° Recevoir ses capitaux, en donner décharge, et même consentir la main levée d'une inscription hypothécaire (Turin, 1810 ; Cassation, 1826).

4° Faire le placement de ses fonds, soit sur l'État, soit sur des particuliers, soit en actions dans les sociétés, pourvu qu'il n'en résulte aucune obligation personnelle, le versement étant effectué.

5° Contracter des obligations dans les limites de l'administration.

6° Aliéner à titre onéreux ses meubles corporels ou incorporels toujours pour les besoins de sa gestion.

7° Consentir des baux à loyer ou à ferme pour une durée de neuf ans au maximum.

Toutefois j'abandonnerais aux tribunaux le soin d'ap-

précier si le bail par sa durée sort des actes d'adminis·
tration et doit être annulé. La bonne foi et l'utilité du
contrat devront être prises en considération. De nos jours,
presque tous les baux, à Paris notamment, dépassent la
durée de neuf ans, surtout s'il s'agit d'établir dans le
local un commerce important, usine, magasins, etc... et
si l'on restreignait à neuf ans la durée de ceux que la
femme consent valablement, ce serait en fait lui empêcher de louer avantageusement et de bien administrer
sa fortune. MM. Rodière et Pont (II, 878), Aubry et Rau
(t. IV, p. 127) rejettent ce tempérament; ils interdisent
à la femme de passer sans autorisation des baux pour
une durée excédant neuf années.

Mais, à l'exception de ces actes sur lesquels on est
d'accord, tout malheureusement est controversé dans
cette difficile matière et il est malaisé de se guider sûre-
ment à travers le dédale de systèmes qu'ont présenté les
commentateurs, sans arriver à des solutions entièrement satisfaisantes.

Examinons les principales questions.

Et d'abord la femme séparée peut-elle sans autorisation disposer de ses meubles corporels et incorporels
d'une manière indéterminée, en dehors des limites de
son administration?

Je le crois; la loi effectivement regarde l'aliénation des
meubles comme l'attribut d'une libre administration;
c'est ainsi que le tuteur (art. 475), le mineur émancipé
(art. 484) disposent absolument du mobilier.

MM. Marcadé (sur l'art. 1440) et Demolombe (*du
Mariage*, t. II, n° 155) voudraient au contraire que l'a-

liénation des meubles fût annulable du moment où par son objet, son importance, elle n'offrirait plus le caractère d'un acte de pure gestion.

« Remarquez, dit M. Demolombe, que ce droit de disposition ne lui est accordé que comme une conséquence et un moyen de son droit d'administration. La règle est dans l'article 207, l'exception dans l'article 1449 ; or, la disposition première et principale de cet article a pour but de concéder à la femme la libre administration de ses biens ; le second paragraphe n'est que la suite et le développement du premier, et ce n'est dès lors que pour cause d'administration qu'il permet à la femme d'aliéner son mobilier. »

Un arrêt de la cour de Paris du 12 mai 1859 a été rendu dans le même sens.

Ce système me paraît bien dangereux. Comment les tiers feront-ils pour vérifier les causes de l'aliénation du mobilier?... Comment savoir si la valeur des effets vendus révèle de la part de la femme un acte de disposition? Désormais plus de sécurité dans ces ventes, et une foule de procès surgiront. Un pareil système est, je ne crains pas de le dire, un piége tendu à la bonne foi des tiers.

D'ailleurs l'article 1449 est formel et déroge positivement à l'article 217 : elle peut disposer de son mobilier et l'aliéner.

De cette solution je suis conduit à décider que la femme séparée pourra transiger sur les contestations relatives à ses droits mobiliers ; pour transiger ne suffît-il pas d'avoir la capacité de disposer des objets compris dans la transaction? (art. 2045).

Mais de ce que la femme peut aliéner en dehors des limites d'une pure administration, s'ensuit-il qu'elle peut l'aliéner à titre gratuit?

Delvincourt (t. II, p. 58) l'a prétendu, en s'appuyant sur la généralité des termes de l'article 1449 qui embrasse l'aliénation à titre gratuit aussi bien que l'aliénation à titre onéreux.

Cette conséquence me paraît outrée. Le mot *aliéner* d'abord ne s'entend, en général, que des aliénations à titre onéreux. Ensuite l'article 1449 renferme une exception à l'article 217 ; le mot *aliéner* doit donc avoir la même signification que dans cet article ; or il est certain que l'article 217 n'entend par *aliénation* que la translation de propriété à titre onéreux, puisqu'il défend positivement à la femme de faire une donation.

L'article 905 du Code s'oppose du reste à la solution de Delvincourt : « La femme mariée ne pourra donner entre-vifs sans l'assistance ou le consentement spécial de son mari, ou sans y être autorisée par la justice conformément à ce qui est prescrit par les articles 217 et 219, au titre du *Mariage*. »

La cour d'Alger (janvier 1866) a fait une remarquable application de cette doctrine, en décidant que la cession d'antériorité d'un droit hypothécaire constitue, alors surtout qu'elle recèle un acte de libéralité, une aliénation que la femme séparée de biens est incapable de faire sans le consentement par écrit de son mari ou son concours dans l'acte.

Mais j'accorderai à la femme séparée le droit de faire

ces dons de peu d'importance, cadeaux, présents, qui se prélèvent d'habitude sur les revenus.

*Quid* du compromis?

L'on peut compromettre sur les droits dont on a la libre disposition (art. 1003. C. procédure). La femme peut disposer de son mobilier et gérer ses biens, donc elle peut compromettre sur les difficultés relatives à la gestion de ses biens et à son mobilier.

L'on m'objecte l'article 215, qui exige l'autorisation lorsqu'elle veut ester en justice. Je répondrai que compromettre ce n'est ni engager un procès ni ester en justice. L'arbitrage est une juridiction toute privée qui exerce son ministère, je demande grâce pour la vulgarité de l'expression sous le manteau de la cheminée ; il n'y a donc pas inconvenance, pas de manquement aux lois de la pudeur, rien ne blessera la susceptibilité du mari.

Il serait fâcheux que la femme fût incapable de terminer par cette voie de légères difficultés qui naissent à chaque instant dans la gestion d'un patrimoine.

La plupart des auteurs suivent un système opposé :

Le compromis, on affirme à tort le contraire, est une sorte de procès ; au fond, compromettre c'est véritablement plaider. D'après l'article 1004 du Code de procédure, le compromis est interdit dans les contestations qui sont sujettes à communication au ministère public ; or l'article 83 du même code soumet les causes des femmes non autorisées à cette communication, elles ne sont donc pas susceptibles de compromis.

Il serait en effet désirable que la femme pût compromettre sur de petites contestations résultant de son administration, mais la loi n'a point fait de distinction... *ubi lex non distinguit, non distinguere debemus.* (De Vatismenil, *Encyclop. du droit, arbitrage ;* Dalloz, *Dictionnaire, Arbitrage ;* Massé, *Droit commercial,* t. III, n° 181.)

Autre question : La femme séparée de biens peut-elle acquérir à titre onéreux des meubles ou des immeubles, sans l'adhésion de son mari ?

Il est certain qu'il ne s'agit point dans notre hypothèse de meubles meublants ou à l'usage de la personne ; en les achetant la femme fait acte d'administration.

Mais s'il s'agit de meubles en général, soit corporels soit incorporels, s'il s'agit d'immeubles, que décider ?

Je ferai une distinction : Lorsque l'on reconnaîtra dans l'acquisition soit de meubles, soit d'immeubles, un placement de revenus ou même de capitaux, ce placement sera valable, car la femme qui reçoit de l'argent doit en chercher emploi. J'ai (*supra*) rangé le placement de capitaux en rentes sur l'État, en actions dans des compagnies industrielles au nombre des actes d'administration.

Mais s'il y a autre chose qu'un placement de revenus ou de capital, si la femme achète pour acheter, contracte sans avoir en caisse des sommes disponibles qu'elle se propose d'utiliser, alors l'autorisation sera indispensable.

M. Bellot des Minières (*Contrat de mariage,* t. III, p. 375) oppose l'article 217 : La femme, *même séparée de biens,* ne peut pas *acquérir* à titre gratuit ou onéreux sans autorisation. » Telle est la règle générale qui ne souffre aucune dérogation. L'article 1449 ne fait exception à la règle qu'en ce qui concerne la faculté d'aliéner, et passe sous silence la faculté d'acquérir, donc la femme même séparée ne peut acquérir.

C'est précisément dans l'article 1449 que je puise ma réponse : cet article permet et enjoint à la femme d'administrer ses biens, or tout administrateur pour remplir son devoir prend soin de placer ses capitaux. Ainsi le tuteur datif ou testamentaire (art. 455) est tenu d'employer l'excédant des revenus du mineur. Et cet emploi comment se fera-t-il, sinon en meubles, en valeurs industrielles, commerciales, ou même en immeubles?...

Lui est-il permis de placer ses capitaux en achat d'une rente viagère, d'un usufruit?

Ce qui fait hésiter à admettre l'affirmative, c'est que l'acquisition d'une rente ou d'un usufruit emporte l'aliénation sans retour du capital qui en constitue le prix. Le capital étant aliéné, il est impossible de voir là un acte d'administration.

M. Demolombe considère les dangers auxquels la femme serait exposée. « Supposez qu'elle ait imprudemment placé ses capitaux sur la tête d'un tiers (art. 1971); ne pourrait-elle pas être ruinée du jour au lendemain, et se trouver absolument sans ressources ! C'est là un danger qu'il importe d'autant plus de prévenir que la femme pourrait y être d'autant plus entraînée par le désir d'augmenter peut-être, sans raison et sans mesure, ses revenus actuels, et par cette imprévoyance funeste, qui nous fait si souvent sacrifier tout l'avenir à la satisfaction du moment présent. » (*loc. cit.* n° 158).

Malgré tout, j'adopte l'affirmative : Le capital est également aliéné dans le prêt, surtout dans la constitution de rente perpétuelle, et la femme peut néanmoins passer ces sortes de contrats. Puisque la femme a le droit et le devoir de placer ses capitaux et ses revenus, pourquoi l'empêcher de choisir le mode qui convient le mieux à ses intérêts?

L'acquisition d'un usufruit d'une rente viagère nuira aux héritiers, je ne le nie pas, mais à eux seuls. S'ils se plaignent, elle leur dira : Par testament je puis vous nuire bien davantage, car s'il me plaît de vous priver de tout ou partie de ma fortune, aucune disposition du Code n'y met obstacle. (Paris, 1834 ; Caen, 1845 ; Zacharie, Aubry et Rau, t. V, n° 516.)

La femme séparée pourrait-elle contracter un engagement dramatique?

Je ne pense pas qu'il y ait à ce sujet le moindre doute : la femme a le droit d'administrer ses biens, rien de mieux, mais dans l'hypothèse qui se présente ici il ne s'agit pas d'administration. Il y a en outre un motif de haute convenance à ce que le mari soit consulté dans l'adoption d'une carrière hérissée de tant d'écueils.

La femme séparée, et en général aucune femme mariée, ne peut accepter un mandat en tant qu'on voudrait en faire résulter contre elle un engagement (art. 1990 et 1029), mais cependant elle exécutera valablement dans l'intérêt de son commettant le mandat qu'elle a reçu sans autorisation, du moment où, traitant pour et au nom d'autrui, elle ne s'oblige pas elle-même. Si le mandant l'attaque ensuite en vertu du mandat, elle n'aura qu'à lui opposer l'exception tirée du défaut d'autorisation. En effet, la loi frappe de nullité toutes les obligations parsonnelles que la femme contracte dans l'exécution du mandat; la liberté du mandant est ainsi heureusement conciliée avec les devoirs de la femme mariée. Le mandant exposé à toutes les chances d'un contrat boiteux ne les affrontera pas facilement; s'il n'en tient pas compte, qu'il ne se plaigne pas des suites de sa témérité.

Remarquez de plus que la femme a toujours un mandat de son mari lorsqu'elle contracte pour les besoins du ménage, habillements, provisions, envers les tiers, fournisseurs, débitants, etc. ; c'est le mari qui se trouve obligé par l'engagement de sa femme, car s'il en était autrement, le crédit de la femme serait nul et l'intérêt de la famille en souffrirait.

« Bien différent, dit M. Valette, est le cas où la femme agit *comme mandataire* avec un pouvoir exprès ou tacite de son mari : car alors, en contractant, elle ne s'oblige pas, mais elle oblige son mari qu'elle représente. (V. art. 1420.) On trouve une application de cette règle dans l'article 220, où il est dit que la femme n'est pas réputée marchande publique si elle ne fait que détailler les marchandises du commerce de son mari; mais seulement quand elle fait un commerce séparé.

J'ai indiqué les actes que la femme peut accomplir sans autorisation, j'ai limité ses droits; il me reste à chercher comment ces actes seront exécutés.

On croirait volontiers qu'il ne se cache aucune difficulté sous cette question, car, d'après l'article 2092, toute personne obligée est tenue de remplir son engagement sur toute sa fortune mobilière et immobilière, et comme l'obligation de la femme est valablement contractée, elle doit être exécutée sur tous ses biens.

Pour saisir le dissentiment qui s'est élevé sur ce point, il faut se rappeler que la loi n'a point permis à la femme de disposer de ses immeubles, de sorte que si l'on admet que les créanciers peuvent les saisir, il en résultera que l'aliénation des immeubles se produira indirectement.

Il faut donc ou permettre à la femme d'échapper par cette voie détournée aux prescriptions de la loi, ou abréger en partie, sans l'appui d'un texte, le principe si éminemment utile de l'article 2092.

De savants auteurs soutiennent que l'obligation n'est pas exécutoire sur les immeubles : L'article 2092, disent-ils, est seulement applicable au cas où le débiteur a pouvoir d'engager tous ses biens; ceux qu'il ne peut engager ne garantissent point la dette. Dans le système contraire la femme violerait la loi à sa fantaisie, elle aliénerait ses immeubles sans autorisation, ce que la loi défend expressément (Zachariæ, t. III, p. 484; Odier, *Du contrat de Mariage;* Massol, *De la séparation de corps,* ch. iv; Marcadé, art. 1449.)

Je n'hésite pas, malgré la valeur de cette argumentation, à rejeter ce système.

La femme est, en règle générale, incapable de s'obliger; mais l'article 1449 apporte une exception au principe en laissant à celle-ci la libre administration de ses biens. Puisqu'on lui reconnaît ce droit, il faut lui donner la faculté d'accomplir ses devoirs d'administratrice : qui veut la fin veut les moyens. Or il n'est pas possible de gérer un patrimoine sans fournir au tiers avec qui l'on traite des garanties sérieuses. La femme séparée est capable de faire, aussi valablement que quiconque, les actes d'administration, et comme tout individu qui s'oblige engage ses immeubles, l'obligation de la femme sera exécutoire sur ses biens immobiliers. (Valette, sur Proudhon, t. I, p. 465.)

Mais le désir d'assurer à la femme un crédit assez large pour lui faciliter sa gestion, doit-il lui faire reconnaître le droit d'hypothéquer ses immeubles pour la garantie des obligations contractées pour cause de cette gestion?

Oui, affirment Toullier (t. II, n° 1298), Duranton (t. III, n° 673) et Zachariæ (t. I, p. 265). Quiconque est capable de consentir un engagement est capable de consentir l'hypothèque qui n'en est que l'accessoire. Ainsi le mineur commerçant qui souscrit valablement des obligations pour faits de commerce, hypothèque valablement ses immeubles (art. 6, Code de commerce), et pourtant il est incapable de les aliéner sans que les formalités imposés par le Code civil (art. 457 et suivants) aient été accomplies.

Il me paraît difficile de concéder pareil droit à la femme ; lisez l'article 2124 : « Les hypothèques conventionnelles ne peuvent être consenties que par ceux qui ont la capacité d'aliéner les immeubles qu'ils y soumettent. »

Or l'article 217 défend à la femme d'aliéner.

Et malgré ces textes si précis, si formels, on lui reconnaîtrait pareil droit! En vain nos contradicteurs invoquent l'article 6 du Code de commerce et tirent de son texte un argument d'analogie; ce texte leur est même défavorable : il fait exception pour le mineur, et se tait sur la femme, *qui dicit de uno, negat de altero.* C'est à tort qu'ils ajoutent : Qui peut le principal peut l'accessoire. Cela n'est pas exact lorsque l'accessoire, et tel est le cas, est interdit par la loi.

Tous les administrateurs sont incapables d'hypothéquer; les tuteurs, les mineurs émancipés ont pouvoir de gestion, nullement celui d'hypothèque. Autre chose en effet est d'administrer, de contracter même, autre chose est d'hypothéquer, d'accomplir un acte dont les consé-quences sont souvent désastreuses pour le crédit du débiteur. (Proudhon et Valette, t. II, p. 435.)

J'observe que ce pouvoir d'hypothèque n'est point nécessaire à l'exercice du droit d'administration; en pratique il est fort rare qu'on en use.

La femme séparée s'est obligée au delà des limites de son administration; poursuivra-t-on l'exécution de l'obli-gation sur ses revenus et sur son mobilier, ou faut-il décider que l'engagement est entaché d'une nullité complète?

Il y a en faveur de la nullité de l'obligation des raisons fort graves.

En effet l'article 217 ne déclare pas la femme incapable de s'obliger, il la déclare seulement incapable d'aliéner, d'hypothéquer, d'acquérir à titre gratuit ou onéreux, etc.

L'incapacité de s'obliger n'est pas prononcée contre elle d'une manière directe, distincte, principale, elle n'est que la conséquence tacite et accessoire de l'incapacité d'aliéner dont la loi l'a frappée. Trouvons une hypothèse où la femme ait la liberté d'aliéner certains biens, l'incapacité de s'obliger cessera quant à ces biens. Certes la femme est complétement incapable de s'obliger dans des régimes tels que celui de la communauté où la règle de l'article 217 s'appliquant à la rigueur, il lui est interdit d'aliéner. Mais l'hypothèse cherchée c'est celle de la femme séparée de biens : elle peut aliéner son mobilier, elle pourra donc contracter des obligations personnelles exécutoires sur ce mobilier. (Cassation 1819, Paris 1832; Toullier, p 138; Zachariæ, t. III, p. 516.)

Essayons de détruire ce raisonnement.

D'abord, à ne considérer même que l'article 217, l'incapacité de s'obliger est virtuellement prononcée. Il défend en effet de donner ou d'acquérir à titre onéreux ou à titre gratuit sans autorisation : la femme ne peut ainsi s'obliger à titre gratuit, ce serait une donation, ni s'obliger à titre onéreux, ce serait une acquisition. Par conséquent l'article 217 seul interdit à la femme de s'obliger.

Ce n'est pas tout : prenons l'ensemble des dispositions des articles 217, 218, etc., jusqu'à l'article 224. Qu'y verrons-nous? Que la femme a besoin de l'autorisation pour *contracter*, pour *passer un acte*, que la femme marchande publique peut sans autorisation *s'obliger* pour les affaires de son commerce, d'où je tire que la femme non marchande publique *ne peut s'obliger*.

L'article 1449 accorde dans sa première partie à la femme séparée la libre administration de ses biens, et de ce texte (*in principio*) découle la capacité de contracter, dans les limites de l'administration, des obligations personnelles exécutoires sur tous ses biens meubles et immeubles.

I.e dernier paragraphe de l'article 1449 décide que l'aliénation du mobilier rentre aussi dans les pouvoirs de l'administratrice. Ce paragraphe n'est qu'un corollaire du premier et comme tel ne permet l'aliénation du mobilier que comme étant comprise dans la sphère d'une large administration, et par conséquent uniquement pour cause d'administration.

Si l'on insiste, si l'on soutient que le droit de disposer du mobilier est concédé à la femme dans des termes absolus et pour toute espèce de cause, même en interprétant aussi littéralement l'article 1449, je n'admets pas que la capacité d'aliéner emporte la capacité de s'obliger.

La femme, d'après les articles 217 et suivants, est incapable d'aliéner ou plus généralement de s'obliger; l'article 1449 apporte une exception en lui permettant d'aliéner son mobilier; la règle reste donc intacte, cette règle qui prononce l'incapacité de s'obliger, même sur ce mobilier, autrement que pour les besoins de l'administration.

J'avoue que l'incapacité d'aliéner renferme l'incapacité de s'obliger, mais la capacité d'aliéner n'entraîne pas nécessairement la capacité de s'obliger. L'aliénation directe nous dépouille sur l'instant, on en calcule facilement l'importance et les conséquences; l'obligation au contraire ne renferme que le germe d'un dessaisissement éloigné, et est ainsi beaucoup plus dangereuse.

Une prévoyance semblable avait dicté la loi Julia, qui permettait d'aliéner le fonds dotal avec l'adhésion de la femme et défendait de l'hypothéquer même lorsqu'elle y consentirait.

C'est encore dans la même intention de protection que le sénatus-consulte Velléien interdisait à la femme les cautionnements (Paris, 1859; Cassation. 1862; Rodière et Pont, t. III; Aubry et Rau, V, 516; Proudhon et Valette, t. I, 463.)

II. — *Actes pour lesquels la femme, même séparée, doit obtenir l'autorisation.*

Sont compris dans cette classe :

1° Toute aliénation d'immeubles à titre gratuit ou onéreux, par vente, échange, constitution d'usufruit ou de servitude, même des immeubles acquis avec les économies de la femme (*Contra :* Cassation, 1814.)

2° Toute acquisition d'immeubles à titre gratuit ou à titre onéreux.

Mais j'ai admis qu'avec les économies faites sur ces revenus, elle pourrait acquérir un immeuble sans le consentement de son mari.

3° L'hypothèque sur ses immeubles, même pour la sûreté d'une obligation contractée dans la gestion (*supra*).

4° Enfin et pour résumer, toute obligation étrangère à l'administration de sa fortune.

On a vu que l'incapacité de la femme mariée, surtout en ce qui regarde les contrats, était plus ou moins étendue suivant que l'administration et la jouissance des biens personnels à la femme appartenait au mari ou était réservée à la femme.

De là deux belles et intéressantes questions qui présentent de graves difficultés et que je suis heureux d'examiner ici.

**Première hypothèse.**

Soit une femme séparée de biens. Il lui est permis d'administrer sa fortune et par cela même elle peut accomplir, ainsi que je l'ai indiqué, des actes fort importants sans l'adhésion de son mari. Cependant celui-ci ne conservera-t-il pas un droit de surveillance, de contrôle, sur les agissements de sa femme administratrice ? Pourra-t-il demander à la justice que la femme soit tenue, suivant les circonstances, de prendre les précautions que la nécessité commande ? Ainsi la femme a pouvoir de placer ses capitaux ; il se trouve qu'elle a 200,000 francs à sa disposition et elle est pour choisir un mauvais placement, chez un banquier insolvable ou en actions industrielles peu solides. Eh bien ! dans ces cas le mari sera-t-il admis à s'y opposer ?

MM. Demolombe (*loc. cit.*) et Massol (*De la séparation de corps*, n°ˢ 18 et 42) reconnaissent au mari le droit de provoquer certaines mesures de garantie et de conservation.

Ils invoquent d'abord l'utilité qu'aurait pour le ménage cette faculté accordée au mari. La femme de notre hypothèse va placer 200,000 francs, elle court le plus grand risque de les perdre, et pourtant c'est son unique fortune qui sera une précieuse ressource pour élever les enfants, les doter, etc... En se mariant les époux *contractent ensemble* l'obligation de nourrir, entretenir les enfants communs ; la famille est donc en quelque sorte créancière, et le mari au nom de la famille doit, quel que soit le régime matrimonial, prendre des mesures conservatoires de ses droits.

D'ailleurs on ne porte pas atteinte à la capacité de la femme quant aux actes pour lesquels l'autorisation n'est pas exigée : elle demeure libre en règle générale, mais le mari interviendra s'il y a péril en la demeure ; il est toujours le chef du ménage, et comme tel, est-il possible de l'obliger à rester spectateur indifférent et témoin impassible de la ruine de sa femme?... (Angers, 1828; Pothier, *De la Puissance maritale;* Lebrun, *De la Communauté;* Massol, *loc. cit. ;* Demolombe, *loc. cit.*)

Ces raisons sont extrêmement fortes, mais elles ne m'ont point convaincu. Je ne rencontre dans les textes aucune disposition qui permette de donner au mari un pouvoir aussi considérable; au contraire, je trouve des textes précis, formels, qui accordent à la femme pleine liberté.

C'est l'article 1449 : « La femme séparée reprend la *libre* administration de ses biens. » Puis l'article 1536 : « La femme conserve l'*entière* administration de ses biens et la jouissance *libre* de ses revenus. »

Si l'on ne tient pas compte de ces textes, dans quel arbitraire ne tombe-t-on pas, au lieu du système si sûr de la loi ! Dans quel embarras seront jetés les tiers qui n'oseront traiter avec la femme, ne sachant pas au juste et ne pouvant savoir sa capacité ! L'on rendra ainsi plus difficile une administration que la loi proclame *libre* et *entière*.

Et le mari qui est toujours disposé à s'immiscer dans les affaires de sa femme, de quel pouvoir n'allez-vous pas l'armer en consacrant cette immixtion !

Comment ! une femme s'est mariée sous le régime de la séparation de biens dans l'intention arrêtée de dérober à son mari, qu'elle sait incapable ou prodigue, l'administration de sa fortune, ou bien elle a obtenu judiciairement la séparation de biens contre lui, et voilà qu'à ce mari dépouillé de la gestion du patrimoine de sa femme vous accorderez un pouvoir de contrôle, vous le laisserez élever en face de l'administration de la femme une administration rivale. Ah ! alors attendez-vous à des représailles inévitables, à des tracasseries incessantes, à des querelles qui rendront la vie commune insupportable !

Puis, si nous supposons que l'administration est échue à la femme par suite d'une séparation *de corps*, qu'arrivera-t-il ? Le ménage est dissous, la vie a été reconnue désormais impossible, et cependant le mari interviendra dans les affaires personnelles de la femme et exercera sur elle un pouvoir de surveillance. Voilà les conséquences du système précédent !...

A l'objection tirée de cette considération que le mari a intérêt à empêcher la ruine de sa femme, je répondrai : Trop souvent des maris se ruinent en mauvaises spéculations et ruinent en même temps leur famille. La femme imposera-t-elle dans ce cas une garantie, une sûreté quelconque ? non, elle ne le peut pas. La femme n'est-elle pas créancière de son époux, les enfants ne sont-ils pas créanciers de leur père quant à l'obligation de les nourrir et de les entretenir ? pourquoi ne réclameraient-ils pas et ne diraient-ils pas au chef de la famille : « Ce placement est mauvais, ne le faites pas, ou donnez-nous des garanties. »

Le Code n'a pas accordé ce droit à la femme, mais que mes adversaires le lui concèdent et je l'accorderai bien vite au mari. Toujours et partout l'homme est dans une situation juridique beaucoup plus avantageuse que celle de la femme. Une seule fois et comme par mégarde, sous le régime de la séparation de biens, le législateur conserve à celle ci l'administration de son patrimoine; 'n'allons pas nous montrer, ce qui serait difficile, moins libéraux que lui et vouloir par un détour, par des moyens indirects, retirer à l'épouse le peu de capacité qui lui a été laissée. La loi a été par hasard favorable à la femme, inclinons nous devant ses prescriptions, *benigna lex, sed lex*.

### Deuxième hypothèse.

Le mari a par contrat de mariage l'administration et la jouissance des biens propres de sa femme (régime de communauté, d'exclusion de communauté, régime dotal.) Un parent, un tiers fait à la femme une libéralité, il lui lègue une ferme d'un rapport de 10,000 francs, avec cette condition expresse que le mari n'aura ni l'administration ni la jouissance de ce legs. Cette libéralité est-elle valable, ou, ce qui est le point délicat, la condition qui prive le mari de l'administration et de la jouissance, est-elle licite? alors elle sera exécutée; ou illicite? et dans ce cas elle sera réputée non écrite.

Trois systèmes sont en présence :

1ᵉʳ Système. — La condition est nulle et ne sera point maintenue.

Toute condition par laquelle un testateur veut régler lui-même la conduite du légataire doit être regardée comme nulle. Les conditions de cette nature, arbitraires pour la plupart, seraient des entraves à la libre disposi-

tion du bien entre les mains du nouveau propriétaire, ou
à la capacité personnelle de celui-ci. « *Iniquum est inge-
nuis hominibus non esse liberam rerum suarum alienatio-
nem.* » (Dig. t. XII, 1. 2.) Or dans notre hypothèse la
condition qui donne à la femme la jouissance de la ferme
lorsque c'est son mari qui devrait l'avoir, cette condition apporte un profond changement dans la situation
personnelle de la femme qui par son contrat s'est engagée à abandonner la jouissance à son conjoint.

D'après l'article 1395, les conventions matrimoniales
ne sont susceptibles d'aucune modification après la célébration du mariage; il faudra donc, dans l'opinion
opposée, violer cet article, car par contrat de mariage le
mari s'est réservé le droit de jouissance sur la fortune
de la femme, et pourtant il n'en touchera pas une obole,
les clauses de son contrat seront non avenues, et cela
longtemps peut-être après la célébration de son union,
ce que prohibe l'article 1395.

Et puis, et c'est là un argument des plus graves, cette
libéralité va rendre la femme libre, maîtresse de ses
dépenses; désormais elle se gardera bien de recourir à son
mari, elle achètera à sa fantaisie, gaspillera son revenu
sans que le mari ait aucun moyen de l'en empêcher. La
puissance maritale, qui est d'ordre public, se trouve considérablement affaiblie; or nous savons qu'une condition n'est valable qu'en n'étant pas contraire à l'ordre
public.

Un homme s'est marié, et, entendant gouverner sa
maison, a eu soin, afin de ne pas donner à sa compagne
une indépendance dangereuse, de stipuler pour lui la

jouissance et l'administration des biens de celle-ci ; cette stipulation même, supposons-le, a été la cause déterminante de son mariage. Cependant, malgré ces précautions, la femme en vertu du testament recevra les revenus du legs, les dépensera suivant son caprice. Est-il raisonnable qu'un tiers par sa volonté seule, vienne bouleverser les rapports des deux époux et porte une atteinte aussi grave à la puissance maritale? D'ailleurs cette clause serait très-immorale, en ce qu'elle tendrait à inspirer à la femme du mépris ou de la défiance contre son mari, qu'elle considérerait comme indigne ou du moins comme incapable (Delvincourt, III, p. 239; Bellot des Minières, *Contrat de mariage*, I, p. 300.)

2ᵉ Système. — La condition est licite, et doit être exécutée.

L'on ne prétend pas, comme l'assurent les partisans de l'opinion précédente, que le testateur a le pouvoir d'imposer au légataire des règles de conduite : sur ce principe nous sommes d'accord avec nos adversaires. Mais examinons de quoi il s'agit dans notre espèce : le testateur a désiré que la femme seule profitât de la fortune qu'il lui laissait ; sa disposition est uniquement dans son intérêt. Voilà le fait! Cependant au nom de qui nos adversaires réclament ils?... Ils réclament *au nom de la femme*, ils prétendent qu'on cherche à restreindre sa liberté, qu'on veut régler sa conduite!... Protestez au nom du mari, pour protéger ses intérêts lésés, rien de mieux, tout à l'heure je vous répondrai mais demander l'annulation de la condition prohibitive et cela du chef de la femme qui, elle, est inté-

ressée à son maintien, en vérité c'est là une contradiction
inexplicable !

On a fait une objection de l'article 1395, qui interdit
dans le contrat de mariage tout changement postérieur
au mariage. Voici comment je la réfute : L'article 1395
a eu pour but de rendre impossibles les donations qu'un
époux pourrait arracher à son conjoint par violence ou
séduction. Une fois le mariage accompli, il est en effet
bien certain que dans un ménage l'un des époux exerce
toujours un ascendant sur l'autre, et habituellement c'est
la femme qui subit la domination de son époux. Ces conventions que l'article 1395 prohibe, sont donc des conventions émanant de l'un ou de l'autre des conjoints, des
conventions qui ne seraient que des donations déguisées
obtenues par contrainte. Mais le contrat de mariage sera
très-bien modifié par le fait d'un tiers, indépendamment
de la volonté des conjoints ; ainsi, par exemple, il arrive
chaque jour que la justice prononce la séparation de biens
entre des époux mariés sous le régime de la communauté.
J'en conclus que les conditions imposées par un testateur
dans son testament ne tombent pas sous le coup de la
prohibition de l'article 1395.

Lisons Pothier : « La société *universorum bonorum*
étant de tous les biens présents et à venir, tout ce qui
advient à chacun des associés, durant la société, y tombe,
à quelque titre qu'il lui advienne, même à titre de succession, donation, ou legs..... Néanmoins, en un cas, les
choses échues à l'un des associés à titre de donation ou
de legs ne tombent pas dans la société, savoir: lorsqu'elles
lui ont été données ou léguées sous la condition qu'elles

n'y tomberaient pas; car le donateur ou le testateur ayant été le maître de ne pas les donner, a pu en les donnant apposer à cette donation telle condition qu'il a voulu, et il ne fait en cela aucun tort aux associés du donataire, qui n'auraient eu rien à prétendre, si, comme il en était le maître, il n'eût pas fait la donation. »(*Contrat de société*, n°⁵ 33 et 34). Dans notre hypothèse le testateur ne cause pas de dommage au mari, car il pouvait ne faire aucune libéralité, et ce dernier cas échéant, le mari n'aurait eu rien à réclamer.

Reste la dernière objection : La puissance maritale est annihilée, la femme devenue indépendante est excitée au mépris de son conjoint.

D'abord il n'est pas certain que la clause prohibitive ait été dictée dans l'intention d'humilier le mari; il est peut-être excellent époux, mais il est incapable, ou prodigue, ou insolvable, et le *de cujus* a cru bon de soustraire à sa gestion la libéralité qu'il désirait transmettre à la femme. Ce sera du moins un morceau de pain pour elle et ses enfants, et même pour lui, si sa fortune s'engloutit dans de folles spéculations.

Poussons notre démonstration plus à fond : En organisant la famille, la loi a reconnu le pouvoir du mari sur la femme et lui a conféré certaines attributions, dont les unes sont essentielles, les autres sont seulement naturelles ou accidentelles. Nulle stipulation ne saurait affranchir la femme de suivre son mari partout où il résidera (art. 214), ou de demander son autorisation dans les cas prévus par la loi; ce sont là des attributs essentiels, inaltérables de la puissance maritale, qui ne peuvent en être détachés et existent sous tous les régimes : aucune clause contraire à ces attributs ne serait valable.

Ainsi la cour de Poitiers (juin 1842) a annulé la condition apposée à une libéralité faite à une femme mariée, condition qui exigeait qu'elle cessât d'avoir le même domicile que son mari ; ainsi encore la Cour de Nîmes (janvier 1830) a rendu un arrêt semblable relativement à la condition d'aliéner sans autorisation l'immeuble légué.

Quant aux autres attributs, ordinairement, je le reconnais, ils appartiennent au mari ; mais toutefois ils peuvent lui être retirés sans que son autorité soit profondément atteinte. Rien ne s'oppose à ce que la femme administre elle-même ses biens. La gestion du patrimoine de la femme par le mari est une conséquence ordinaire du mariage, mais les époux sont libres de suivre tel régime qui leur convient et de prendre, par exemple, le régime de séparation de biens dont nous connaissons les effets.

Ces dispositions ne sont donc pas constitutives de l'autorité maritale, puisque la loi permet qu'on y déroge. Il n'y a là aucune atteinte à l'ordre public ni à la bonne organisation de la famille dans notre société. Dès lors pourquoi regarder comme illicite la condition qui amène une situation admise et consacrée par la loi elle-même ?

J'ai eu occasion de traiter dans ma Thèse de Licence, (*de la Puissance paternelle*) une question presque identique : c'est celle de savoir s'il faut regarder comme valable la clause prohibitive de l'administration par le père des biens de l'enfant mineur. Avec la majorité des auteurs et la jurisprudence, j'avais admis l'affirmative :

c'est un motif de plus|pourque j'adopte, en ce qui concerne la femme mariée, une solution semblable (Toulouse, 1843; Paris, 1846; Aix, 1846; Proudhon, *De l'usufruit*, t. I, 283.)

### 3° Les quasi-contrats.

La femme s'oblige-t-elle par quasi-contrat? est-il besoin du consentement de son mari ?

On a soutenu que le principe de l'autorisation était exclusivement relatif aux obligations conventionnelles. Les textes sont conformes à cette idée : c'est l'article 217 qui suppose un *acte* auquel le mari concourt, l'article 219 qui emploie la même expression, passer un *acte*, les articles 221, 222, 224 où se trouve même le mot *contracter ;* enfin l'article 1124 qui déclare la femme incapable seulement de *contracter*.

Comment, dit-on, faire dépendre de la capacité des personnes un engagement qui n'a point son origine dans leur volonté? Si par un motif d'ordre public, d'intérêt général, un tiers a agi pour la femme, la loi impose à celle-ci un engagement sans examiner son degré de capacité. Ainsi, je le répète, cette obligation dérive de la loi et ne dépend pas de la capacité des parties. Adopter une décision contraire serait nuire au tiers : qu'une personne capable ne puisse opposer l'incapacité de la femme mariée avec qui elle a contracté, je le comprends fort bien ; elle a consenti à ce contrat, tant pis pour elle si elle en souffre par la suite; mais voilà qu'un tiers acquiert une créance contre une femme mariée, cela sans son fait, allez-vous le rendre victime d'une incapacité dont il n'a pu se garantir ?

La femme peut s'obliger par ses délits et ses quasi-délits, tous les auteurs sont d'accord à ce sujet ; pourquoi donner une solution différente quant aux quasi-contrats ? (Toullier, II, n° 627 ; Valette sur Proudhon, I, p. 463.)

Je ne pense pas que les textes aient l'importance et la portée qu'on leur attribue : le Code en effet ne défend pas seulement les contrats, il interdit à la femme toute aliénation, toute acquisition ; ainsi lorsque la femme, par son fait, aliène, acquiert ou s'oblige, elle est soumise à la nécessité de l'autorisation (art. 217).

J'ai donné comme motif rationnel de l'incapacité de l'épouse l'intérêt du ménage ; ce motif fortifie mon système : la loi a voulu protéger les intérêts matrimoniaux par l'unité dans la gestion, et aussi, et surtout, en empêchant la femme d'accomplir seule un acte qui pût les compromettre. Toutes les fois que la femme agit, il faut donc appliquer les mesures de précaution contenues dans le Code ; mais il en est autrement lorsqu'il n'y a pas fait personnel de la femme ; alors le but de la loi n'est plus à atteindre, il n'y a plus besoin de restreindre sa capacité puisqu'elle se trouvera obligée indépendamment de sa volonté.

Je crois qu'il faut distinguer si le contrat résulte du propre fait de la femme ou s'il résulte du fait d'un autre. Dans le premier cas la femme n'est tenue qu'autant qu'elle a été autorisée ; dans le second, elle est toujours obligée.

J'appliquerai cette distinction aux diverses sortes de quasi-contrats.

1° Gestion d'affaires.

**Première hypothèse :** la femme sans l'adhésion de son mari a géré l'affaire de *Primus*.

Elle ne sera nullement tenue ni envers les tiers avec qui elle a contracté pour cette gestion, et qui n'auront que l'action *de in rem verso* pour recourir contre *Primus*, ni même envers le maître, car il y a de sa part un fait personnel qui la soumet à l'article 217. Bien entendu, s'il était démontré que la gestion dont elle s'est chargée a été imprudemment conduite, il en serait autrement; il y aurait alors faute de la femme, c'est-à-dire quasi-délit dont elle devrait la réparation. (*Contra* : M. Valette, *Notes sur Proudhon*, I, p. 433.)

Deuxième hypothèse : *Primus* a géré les affaires de la femme.

Delvincourt (I, p. 75) et Duranton (II, n° 497) n'accordent action au gérant que jusqu'à concurrence de ce dont elle aura profité de sa gestion.

L'action *de in rem verso* fondée sur cette règle que nul ne peut s'enrichir aux dépens d'autrui, et ainsi limitée à la mesure du profit dont la femme s'est enrichie effectivement, n'est pas celle qui convient à notre hypothèse. Je donnerais au gérant l'action *negotiorum gestorum* qui est fondée également sur la même règle, je ne le nie pas, mais a aussi pour cause un office rendu, encore que le profit qu'elle en a retiré ait été détruit plus tard par un cas fortuit.

### 2° Payement de l'indu.

Il ne faut pas prendre comme exemple toute femme mariée; la plupart en effet étant en quasi-tutelle, sont quasi-pupilles et par conséquent ne sont tenues de restituer que *quatenus locupletiores factæ sunt.*

Voici l'hypothèse : Une femme séparée de biens, ayant ainsi capacité d'administrer, a reçu un payement de 20,000 francs qui n'étaient pas dus. Sera-t-elle obligée de rembourser ces 20,000 francs?

Si elle s'était obligée par contrat à ce remboursement, il n'y aurait pas de question, le contrat excéderait sa capacité et serait annulable; mais il s'agit d'un payement non dû, et dans ce cas faut-il donner une solution différente?

Ne pourrait-on pas raisonner ainsi : La femme étant capable de recevoir ce qui lui était dû, est capable de consentir à toutes les suites de cet acte; la logique et la justice l'exigent : elle était donc capable de s'obliger à rendre si la dette n'existait pas; ou plutôt, elle ne s'est pas obligée à rendre, elle est obligée par le fait même à la restitution.

M. Demolombe s'effraye devant cette argumentation : « Je ne crois pas que la capacité de recevoir un payement, conférée par exception à un incapable comme moyen d'administration de son patrimoine, je ne crois pas que cette capacité l'habilite par cela même à toutes les conséquences possibles, à ces conséquences accidentelles et occasionnelles qui, finalement, dénaturent l'acte lui-même et changent le payement en une espèce de prêt! Est-ce que la femme pourrait, à l'occasion d'un payement qu'elle

recevrait, contracter par exemple l'obligation condition-
nelle de rendre, de rapporter la somme par elle touchée?
J'aurais peine à le croire, car elle ne peut pas contracter
d'obligation personnelle; or que serait autre chose l'obligation de restitution qu'on voudrait ici lui imposer?
Ajoutez enfin que, si la femme avait qualité pour recevoir, le tiers doit néanmoins s'imputer de n'avoir pas
examiné de plus près si la dette existait effectivement. »
(*Loc. cit.* n° 182.)

Je propose un troisième système.

Ou bien la femme était de mauvaise foi, elle n'ignorait
pas que tôt ou tard elle serait obligée de restituer : dans
ce cas, comme elle a reçu ce qui ne lui était point dû, elle
cause un dommage à autrui, et commet un délit dont elle
est responsable : elle devra rendre au pseudo-débiteur
et la somme et les intérêts à partir du jour du payement.
(Art. 1378.)

Ou bien elle était de bonne foi : alors elle est encore
obligée de restituer la somme d'argent en vertu de l'article 1376, mais elle ne payera point les intérêts du jour
du payement.

3° Acceptation de succession.

Cette acceptation entraîne avec elle de lourdes charges,
parfois très-difficile à apercevoir au premier aspect; il
est bon que le mari ou la justice donne son assentiment.
De même, pour la renonciation ou l'acceptation sous bé·
néfice d'inventaire, l'autorisation est indispensable.

M. Duranton (t. II, n° 500) range la gestion d'une
tutelle parmi les quasi-contrats, et par suite exige l'auto-

risation pour la femme. Je ne puis souscrire à cette opinion. J'ai classé *(supra)* la gestion d'une tutelle dans la catégorie des obligations que la loi impose elle-même directement à la femme.

#### 4° Administration d'une ou plusieurs choses communes.

Cet acte ressemble en tous points à la gestion d'affaires; il n'y a qu'à appliquer les règles posées précédemment.

### 4° — Délits et quasi-délits.

Pothier (*Puissance du mari*, n° 52) nous apprend que déjà dans l'ancien Droit la femme était responsable de son dol ou de sa faute ; il en est de même dans notre législation : le mariage ne doit pas en effet permettre à la femme de nuire à autrui. (Art. 1382, 1383, 1425).

---

## CHAPITRE III.

### DE L'AUTORISATION MARITALE ET DE SES FORMES.

Le résultat de l'incapacité de la femme mariée est la nécessité de l'autorisation maritale. Ainsi dans le chapitre précédent, lorsque je montrais la femme incapable de tel ou tel acte, j'entendais que pour accomplir cet acte il lui fallait une autorisation.

Dans ma Thèse sur le Droit coutumier, j'ai dit que l'autorisation était autrefois sacramentelle et que Pothier considérait le mot *habiliter* comme le seul qui remplaçât le mot *autoriser*. Ainsi vainement le mari eût signé l'acte passé par sa femme, vainement même il se fût engagé solidairement avec elle : il fallait le mot précis et sacramentel.

Le Code n'a été ni si rigoureux ni si minutieux : l'autorisation du mari étant l'approbation de l'acte que va faire sa femme, peu importe de quelle manière il donnera cette approbation.

D'après l'article 217, l'autorisation est expresse ou tacite, suivant qu'elle résulte du consentement écrit du mari, ou de son concours dans l'acte.

Je m'occuperai d'abord de l'autorisation expresse.

## SECTION PREMIÈRE.

### DE L'AUTORISATION EXPRESSE.

Le mari peut donner son consentement par toute espèce d'écrit, soit par lettre missive, soit par acte sousseing privé.

Mais si la femme est habilitée à accomplir un acte pour lequel la loi exige la forme authentique, le consentement du mari, pour être valable, doit-il revêtir la même forme?

En matière de donations, l'authenticité des procurations et des acceptations est exigée à peine de nullité (art. 933),—(Besançon, 1844); d'un autre côté laCour de cassation et la plupart des cours d'appel admettent que le mandat donné à un tiers de faire un acte pour lequel la loi exige la forme authentique doit être également donnée en cette forme. (Cassation, 1827 ; Lyon, 1827 ; Cassation, 1837 ; Cassation 1843.)

Mais dans notre hypothèse je n'imposerais pas la nécessité de l'authenticité : autre chose en effet est un mandat qui est de la part du mandant une sorte de commencement d'exécution, autre chose est une simple autorisation qui ne se rattache qu'à la capacité de la personne et reste étrangère à l'acte lui-même. Remarquons de plus que l'article 934 qui a trait plus directement à notre matière ne parle plus de cette condition.

Le législateur a voulu que la femme ne contractât aucune obligation sans la volonté de son mari ; or qu'importe que cette volonté se manifeste en forme authentique ou en forme sous-seing privé. Du moment où l'intérêt du mari n'est pas lésé, du moment où son pouvoir a été respecté, pourquoi embarrasser la femme par des formalités inutiles et coûteuses ?

Malgré ces raisons la Cour de cassation (décembre 1846) a rendu un arrêt décidant que l'autorisation constitue un des éléments du contrat.

Il n'est pas nécessaire que le consentement du mari soit inséré dans l'acte passé par la femme ; le Code n'a pas solennisé, comme faisait l'ancien Droit, l'autorisation maritale au delà de toute mesure (*Contra :* Toullier, II, n° 647). Seulement, surtout si le consentement a été donné sous-seing privé, le tiers par précaution fera bien de conserver la preuve de ce consentement pour prouver l'existence de l'autorisation si elle était niée plus tard.

L'expression *consentement par écrit* de l'article 217 a fait naître une vive controverse : exclut-elle le consentement verbal ?

Non, soutiennent d'éminents jurisconsultes, appuyés

sur la jurisprudence; la loi ne parle du consentement par écrit que par opposition au concours dans l'acte ; mais c'est un tort de prendre les mots à la lettre : l'autorisation pouvant être tacite, pourquoi ne pas vouloir qu'elle puisse être valable? L'expression *consentement par écrit* a uniquement pour résultat de rendre inadmissible la preuve testimoniale même au-dessous de 150 francs (art. 1341); et l'acte serait même à l'abri de toute contestation si sur la délation du serment, ou encore de son propre mouvement, le mari reconnaissait avoir donné son adhésion. Une fois de plus l'on répète que l'autorisation, c'est-à-dire la manifestation de la volonté du mari, n'est en général soumise à aucune formalité et qu'ainsi le consentement peut être exprimé de toute façon. (Paris, 1849; Paris, 1851; Paris, 1857 ; Zacharie, Aubry et Rau, IV, p. 135; Massé et Vergé, I, p. 240; Demante, I, n° 3000 bis.)

Ce système me parait contraire au texte de la loi.

L'article 217 ne dit pas qu'il ne s'occupe que d'une question de preuve, il prescrit ou un consentement par écrit ou le concours du mari dans l'acte. Certainement il n'est pas nécessaire comme dans l'ancienne jurisprudence de termes sacramentels, mais ici on n'exige qu'un écrit de quelque nature qu'il soit, et pas autre chose.

Certainement aussi une autorisation tacite est suffisante, mais c'est encore une question que de savoir si l'autorisation tacite résulte d'autres circonstances que du concours du mari dans l'acte. (Deuxième section, *infra*.)

« L'article 217, dit M. Demolombe (*loc. cit.* n° 193), exige positivement le consentement *par écrit*, et il faut bien que ces mots aient un sens et produisent un effet. »

Je soutiens donc que non-seulement la preuve testimoniale ne sera pas admise même au-dessous de 150 francs, mais encore qu'elle devra être repoussée quand même elle serait accompagnée d'un commencement de preuve par écrit. Je vais plus loin et je décide que l'autorisation ne devrait pas être regardée comme valable, lors même qu'elle serait établie par l'aveu ou le serment du mari ou de la femme.

M. Demolombe, après la déclaration formelle que j'ai citée quelques lignes plus haut, en arrive à permettre la preuve de l'autorisation verbale par l'aveu ou le serment. Je suis très-étonné de cette inconséquence : le Code a dérogé à l'ancien Droit en permettant l'autorisation tacite et en rejetant implicitement les termes sacramentels ; mais il ne faut pas étendre cette dérogation ; en énumérant limitativement les deux modes d'autorisation : « *par écrit* ou *par le concours dans l'acte,* » il a voulu se placer en dehors du droit commun pour cette matière. D'ailleurs la volonté du mari est impuissante à donner à l'acte pleine validité ; or si l'aveu (ou le serment) du consentement verbal était permis, autant vaudrait déclarer, contrairement à l'article 225, que la femme n'a pas l'action en nullité.

---

## SECTION DEUXIÈME.

### DE L'AUTORISATION TACITE.

Cette autorisation résulte du concours du mari dans l'acte (art. 217).

D'abord que signifient ces mots : *Concours du mari dans l'acte ?*

J'ai cherché une définition générale et il me semble très-difficile de la fournir. Voici comment je traduirais le texte de la loi : il faut que le mari figure dans l'acte à quelque titre que ce soit et qu'il le signe. Ce sera une question de fait abandonnée à l'examen des tribunaux ; il a été jugé qu'il y avait autorisation dans les cas suivants : le mari dans un procès a constitué le même avoué que sa femme (Cassation, 1835 ; Pothier, n° 75) ; il a accepté une lettre de change tirée par sa femme (Grenoble, 1830) ; il intente contre elle une action en justice, par là même il l'habilite à plaider ; il fait une donation à sa femme qui est ainsi autorisée à l'accepter ; enfin en acceptant d'elle une donation il lui permet de faire cette libéralité, etc., etc...

Mais le concours d'un mandataire du mari dans l'acte accompli par la femme n'équivaudrait pas au concours personnel du mari, si le mandat ne lui confère pas ce pouvoir (Cassation, 1843).

De même on ne dira pas que le mari a concouru de manière à autoriser lorsqu'il a souscrit un billet et que la femme a écrit son obligation à la suite. Rien ne prouve qu'elle y ait été habilitée, rien n'indique qu'elle ne s'est pas engagée en arrière de son mari.

De même encore si elle cautionne l'obligation de son époux. La Cour de Lyon (février, 1810) a rendu un arrêt sur cette espèce : La femme avait écrit au bas d'une lettre de change signée par son mari, ces mots, *pour caution.* La Cour a jugé qu'il n'y avait pas eu autorisation valable. Il y a quelques années (mai, 1856) la Cour de Paris a décidé en sens contraire ; mais je me hâte d'ajouter que dans l'espèce, le cautionnement de la femme avait été écrit de la propre main du mari, à la suite de son obligation personnelle.

L'autorisation tacite étant admise par le Code, peut-elle résulter d'un autre fait que du concours du mari dans l'acte?

Cette question est vivement controversée par les auteurs : la jurisprudence n'est pas encore fixée sur ce point.

1er Système. — La loi, en permettant l'autorisation tacite, a pris soin de préciser le fait dont elle résulterait : ce fait est le concours du mari dans l'acte; il n'y en a point d'autre. Le législateur a innové en dispensant de l'autorisation sacramentelle, mais il a voulu au moins soumettre le consentement à un mode de preuve certain, précis et unique. (Cassation, 1839; Cassation, 1845; Marcadé, art. 217; Demolombe, n° 197; Proudhon et Valette, I, p. 460.)

2e Système. — Puisque le consentement peut être tacite, pourquoi résulterait-il uniquement du concours du mari dans l'acte? Si l'article 217 ne parle que du concours dans l'acte, c'est que cette circonstance est décisive et qu'il est possible d'y attacher d'avance une présomption légale d'autorisation. Mais le Code, en la mentionnant, n'a pas entendu exclure toutes les autres circonstances d'où pourrait découler la preuve du consentement marital. Ainsi le mari a connu, toléré, conseillé même l'acte de sa femme, il était présent et n'y a mis aucune opposition, n'est-ce pas là une approbation plus énergique même que celle provenant d'un consentement écrit? car elle s'est peut-être continuée durant des jours et des mois. Il serait inique qu'après avoir par son silence et ses actions inspiré aux tiers la plus entière confiance, le mari vînt invoquer son autorité méconnue.

La femme qui fait le commerce au vu et su de son mari, est suffisamment habilitée, personne ne le conteste ; pourquoi n'en serait-il pas de même pour la femme non commerçante qui remplit un acte de la vie civile?... (Cassation, 1832; Toulouse, 1840; Cassation, 1841 ; Toullier, XII, n° 241).

Telle est l'opinion que j'adopte après de longues hésitations. Un arrêt récent de la cour de Paris (9 juin 1857) a donné gain de cause au système que je soutiens, en décidant qu'une femme mariée, séparée pour quelque temps de son mari, avait été *tacitement* autorisée à contracter des obligations pour son logement.

Quant aux circonstances d'où résultera le consentement marital, on comprend qu'il est impossible de les énoncer; c'est là un point de fait que les juges apprécieront souverainement. Le mari a-t-il connu l'acte de sa femme? était-il présent, absent, à quelle distance?... etc. Toutes ces considérations devront être pesées. Cependant ils devront procéder avec circonspection, n'admettre que des faits positifs, dont les conséquences soient tellement précises qu'elles remplacent le consentement exprès : dans le doute il faudra décider en faveur de la femme ou du mari.

## SECTION TROISIÈME.

### DE LA SPÉCIALITÉ DE L'AUTORISATION MARITALE.

Le mari qui autorise sa femme doit le faire après examen ; l'autorisation sera donc spéciale *in ipso actu*, afin qu'il soit bien certain que le mari sait quel acte la femme se dispose à accomplir.

Cette spécialité est expressément consacrée par l'article 223. « Toute autorisation générale, même stipulée par contrat de mariage, n'est valable que quant à l'administration des biens de la femme. »

Et par l'article 1538. « Dans aucun cas, ni à la faveur d'aucune stipulation, la femme ne peut aliéner ses immeubles sans le consentement spécial de son mari ;... toute autorisation générale d'aliéner les immeubles donnés à la femme, soit par contrat de mariage, soit depuis, est nulle. »

Pour plus de précision j'écarterai d'abord une hypothèse qui paraît rentrer dans notre sujet, et en réalité y est étrangère : c'est le cas où le mari donne pouvoir à sa femme de gérer des affaires qui ne la concernent pas, qu'il a le droit de faire seul, par exemple, les affaires de la communauté. Il n'y a pas là d'autorisation, il ne s'agit nullement de compléter la capacité de la femme, c'est un simple mandat que le mari lui donne, comme il pourrait le confier à un étranger ; la puissance maritale n'est pas en jeu, et dès lors peu importe que le mandat soit général ou spécial.

Ce que la loi interdit absolument, c'est l'autorisation générale pour la femme de faire les actes dont elle est déclarée incapable; ce qu'elle prohibe, c'est l'abdication, la démission de la puissance maritale, qui est considérée par le Code comme la sauvegarde de la moralité du mariage. Aussi la condition essentielle de validité de l'autorisation est sa spécialité.

Le principe de spécialité se trouve par les textes précités mis à l'abri de toute controverse, mais il en est autrement des conséquences et de l'application de ce principe; que faut-il entendre au juste par cette condition de spécialité?

Je proposerais volontiers cette règle d'interprétation : Pour savoir si une autorisation est spéciale ou générale, il faut examiner si le mari a, ou non, autorisé en connaissance de cause. A-t-il connu l'affaire, ses principaux détails, ses clauses? l'autorisation qu'il donne est spéciale; n'a-t-il pu s'en rendre compte, a-t-il ignoré les circonstances qui ont accompagné l'acte de sa femme? son autorisation est générale.

Me servant de cette règle pour guider mes décisions, je dirai, en ce qui concerne les actes extrajudiciaires, qu'il faut d'abord qu'ils soient déterminés quant à leur nature. Ainsi sur le point de faire un assez long voyage j'autorise ma femme à faire pendant mon absence tous les actes utiles à la gestion de ses biens, certainement l'autorisation sera générale, et dès lors frappée de nullité. Il faut que la nature des actes, vente, donation, emprunt, achat, soit spécifiée.

Cela suffirait-il? j'ai autorisé ma femme à vendre ou à

donner ou à emprunter, etc., sans rien ajouter, l'autorisation est-elle spéciale?

Exemple : ma femme pourra aliéner tel immeuble qu'elle possède à Paris, quand et comme elle le jugera à propos.

Cette autorisation, soit qu'elle se trouve insérée dans un contrat de mariage, soit qu'elle ait été accordée pendant le mariage, est-elle valable?

Oui, disent MM. Duranton (t. II, p. 249) et Aubry et Rau (t.IV, p. 132),est valable l'autorisation concédée de la manière la plus large, soit quant à sa durée, soit quant aux autres conditions et circonstance, pourvu qu'elle ne porte que sur des immeubles déterminés. Ainsi serait valable l'autorisation qui serait donnée d'aliéner *les immeubles situés dans telle localité, dans tel département, ou dans les colonies.*

Qu'on lise les textes : l'article 1538 n'annule que l'autorisation donnée à la femme d'aliéner *ses immeubles,* tous ses immeubles indistinctement, mais point l'autorisation limitée, spéciale, de vendre un ou certains immeubles. Et les articles 1987 et 1988! l'acception qu'ils attribuent aux mots *spécial* et *général* tranche la question : on ne peut plus considérer comme *générale* l'autorisation qui ne s'applique qu'à certains objets ou à certaines affaires seulement.

Le motif, le but principal de la loi a été de proscrire les autorisations illimitées qui rendraient la femme indépendante en détruisant le pouvoir de l'époux. Eh bien! la femme deviendra-t-elle indépendante parce que le mari l'aura simplement autorisée à aliéner certains biens?.....

Un mot encore : l'intérêt du ménage exige une solution conforme à ce système ; le mari va s'absenter, partir à l'étranger pour un assez long temps, n'est-il pas à souhaiter qu'avant son départ il puisse autoriser sa femme à acquérir ou à aliéner tel,.tel immeuble selon les circonstances et les événements? (Poitiers, 1823 ; Chambéry, 1861.)

La jurisprudence et la plupart des auteurs ne reconnaissent comme suffisamment spéciale que l'autorisation donnée en vue d'un acte déterminé dont l'époque et les conditions seront soigneusement précisées.

En effet, ne pas vouloir limiter les conditions dans lesquelles se fera l'acte, n'en pas régler le mode, l'époque, c'est autoriser d'une manière générale ; le mari n'a pas su ce qu'il faisait, il a plutôt abdiqué qu'exercé son droit. Lorsque c'est la justice qui autorise, elle ne manque pas d'examiner les conditions, les clauses, les circonstances de l'affaire ; or l'autorisation de justice ne fait que remplacer celle du mari, il doit donc en être de même de l'autorisation consentie par celui-ci.

Quant à l'argument tiré de la définition des mots *spécial* et *général*, voici ma réponse : Ces mots ont certainement une signification identique à celle qu'ils avaient dans l'ancien Droit ; parcourons les auteurs pour en rechercher le sens.

« J'estime, dit Lebrun, que les autorisations doivent être *spéciales en chaque affaire et en chaque contrat...* » (*De la Communauté*, II, chap. I, 8.)

« L'autorisation du mari, dit de son côté Pothier, doit être *spéciale pour tel ou tel acte.* » (*Int. au titre X, Cout. d'Orléans.*)

Écoutez d'Aguesseau dans un de ses plaidoyers : « Il faut une autorisation expresse et spéciale *et ad rem quæ geritur accommodata.....* »

J'en citerais encore bien d'autres.

Telle était donc la signification en quelque sorte consacrée des expressions *spécial* et *général;* le Code, se servant des mêmes termes dans la même matière, a dû évidemment les employer dans le même sens, sens tout différent de celui qu'ils présentent dans les articles 1987 et 1988.

Je donne un mandat à Paul, d'aliéner tous mes immeubles. Voilà un mandat *spécial* d'après l'article 1987.

Mais si j'autorise ma femme à aliéner ses immeubles, sera-ce valable? Non, certainement; car cette autorisation est expressément interdite par l'article 1538. Donc c'est à tort que l'on veut transporter dans notre matière la signification et la portée des mots *spécial* et *général :* ce qui constitue un mandat *spécial* d'après les articles 1987 et 1988, serait une autorisation *générale* d'après les articles 223 et 1538.

Enfin, les inconvénients qu'on reproche à cette doctrine ne sont pas si considérables : le mari part en voyage, surviennent des événements inattendus, des revers de fortune subits, que faire? La justice est là, toujours disposée à venir en aide à la femme si la nécessité en est reconnue : ce sera d'elle que viendra l'autorisation. (Metz, 1850; Cassation, 1853; Caen, 1853; Cassation, 1862, Proudhon, I, p. 465; Demante, I, n° 306 bis.)

Ainsi, et pour terminer, l'autorisation s'appliquera à un certain acte, parfaitement défini et spécifié dont l'époque d'exécution et les conditions seront fixées. Voilà comme j'entends la spécialité de l'autorisation telle que le Code l'a organisée, telle que ses Rédacteurs l'ont comprise.

On remarque facilement de quel instrument de tyrannie on a armé le mari sous prétexte de protéger sa puissance maritale. A la fin de cette thèse je critiquerai ces dispositions de la loi, mais en ce moment je dois uniquement expliquer et commenter le Code, restons dans notre rôle.

Il paraît inutile de dire que le mari ne peut donner à un tiers mandat d'autoriser sa femme à acquérir, emprunter, etc., sans préciser lui-même les conditions de l'acte qu'il permet.

Cependant, un arrêt de la cour de Caen (1834) et MM. Dalloz (*Autor. des femmes*, n° 93) et Fouquet (*Autor. des femmes*, n° 9) s'élèvent contre cette décision : alors en effet la femme n'est pas entièrement libre, le mari n'a pas renoncé à tout contrôle, et il a confié ses pouvoirs à un intermédiaire qui est chargé d'apprécier l'affaire dont s'agit. Je ne pense pas qu'il soit bon d'abandonner le principe : La puissance maritale ne peut être déléguée ; il y aurait certainement des avantages à procéder ainsi par l'intervention d'un mandataire dans le cas, par exemple, où le mari serait éloigné et ne pourrait revenir à temps ; mais la loi a chargé la justice de remplacer l'époux qui ne peut ou ne veut autoriser ; il faut donc s'en tenir à ses prescriptions. Si le mari veut laisser un mandataire pour autoriser sa femme, il devra avoir soin de lui donner les pouvoirs les plus circonstanciés.

Une hypothèse fort délicate s'offre maintenant à notre examen et fournit une occasion d'appliquer d'une façon fort originale le principe de la spécialité de l'autorisation.

Voici cette hypothèse : Une femme donne à son mari un mandat général d'aliéner, d'emprunter...., etc., elle n'a nullement déterminé les biens à vendre ou les sommes à emprunter, ni le délai dans lequel le mandat serait exécuté. Ensuite le mari fait affaire avec des tiers en vertu du susdit mandat; on se demande si ces tiers sont bien à l'abri de tout danger, leur contrat est-il valable? la femme a-t-elle été représentée, est-elle engagée?

Oui, dira-t-on, ce mandat donné par la femme à son mari est valable (art. 1987 et 1988); la procuration étant spéciale, l'autorisation le sera aussi, car l'une n'est pas distincte de l'autre; du reste le mari, en effectuant chacun des actes, donne par cela même une autorisation spéciale. L'autorisation est spéciale, le mandat valable, que voulez-vous de plus?...

Ces arguments ne me touchent point. J'ai déjà démontré qu'il ne fallait pas assimiler la spécialité du mandat à la spécialité de l'autorisation : de ce que le mandat n'est pas général, il ne s'ensuit pas que l'autorisation soit spéciale. Le mari en effet, en autorisant sa femme à lui donner le mandat dont il est question, n'a pas eu pour but certain un acte particulier, il a voulu obtenir les pouvoirs les plus étendus, la liberté d'agir selon son caprice. L'autorisation est donc générale, et en exécutant successivement chaque acte le mari ne peut la valider. C'est une erreur que de soutenir que le mari en accomplissant son mandat habilitera ainsi sa femme et que l'autorisation se spécialisera : le mari, prétendez-vous, autorise sa femme dans chacun des actes qu'il fait pour elle d'après son mandat; mais pour qu'il l'autorise, il faut d'abord le consentement de la femme; or je n'admets pas que ce consentement soit valable lorsqu'il a été donné par une procuration consentie en vertu d'une autorisation générale ; par conséquent l'autorisation subséquente du mari ne s'applique à rien, elle tombe dans le néant, puisqu'il n'y a plus de consentement de la part de sa femme. (Amiens, 1839 ; Cassation, 1853.)

Ce résultat théorique méritait d'être obtenu : le mari ne pourra plus ainsi, grâce à des procurations illimitées, devenir le maître absolu des biens de sa femme; on évitera aux familles de graves inquiétudes et de sérieux dangers.

Je n'appliquerai pas le même principe au cas où le mari aurait donné à sa femme une procuration générale d'emprunter en son nom, de l'obliger, ou d'aliéner, d'hypothéquer soit tous ses biens personnels, soit tous les biens de la communauté, soit les revenus des biens de la femme, s'il en a l'administration. Ici il ne s'agit plus d'appliquer les règles de l'autorisation, mais les règles du mandat : la femme n'agit point dans son intérêt, elle agit pour son mari, chargée de sa procuration, et l'on sait que la femme mariée peut accepter un mandat librement.

La règle générale de la spécialité de l'autorisation souffre deux exceptions :

1° *Actes d'administration.* — Le mari peut accorder à sa femme une autorisation générale relativement à l'administration de ses biens, soit par contrat de mariage, et alors cela constitue un régime particulier, celui de la séparation de biens (art. 1536), soit après le mariage en vertu des articles 223 et 1538.

2' *Femme mariée commerçante.* — « La femme, si elle est marchande publique, peut, sans l'autorisation de son mari, s'obliger pour ce qui concerne son négoce ; et, audit cas, elle oblige aussi son mari, s'il y a communauté entre eux. Elle n'est pas réputée marchande publique si elle ne fait que détailler les marchandises du commerce de son mari, mais seulement quand elle fait un commerce séparé (art. 220). »

On se tromperait en croyant d'après ce texte qu'il y a dérogation à l'article 217 ; il n'en est rien. La femme doit obtenir le consentement de son époux pour faire le commerce : ce n'est donc pas de l'autorisation qu'elle est dispensée, c'est seulement de la *spécialité* de l'autorisation.

La femme n'est marchande publique qu'à la condition d'avoir un commerce propre, distinct de celui de son mari ; lorsque celui-ci est commerçant, quoique la femme détaille les marchandises, s'occupe des affaires, en définitive elle ne joue qu'un rôle secondaire, elle est dame de magasin, et le mari seul est en scène. La conséquence que je tire de mon observation est importante : la femme n'étant ainsi que l'auxiliaire du mari ne peut être déclarée en faillite.

Cette capacité de la marchande publique est fort ancienne : on la rencontre déjà dans *les Établissements de S. Louis* (I, chap. 47.) ; de tout temps en effet cette exception à la règle de la spécialité du consentement

marital avait été nécessaire à la célérité des affaires commerciales.

---

## SECTION QUATRIÈME.

### DU MOMENT OU L'AUTORISATION DU MARI DOIT ÊTRE ACCORDÉE.

L'autorisation peut être donnée : 1° avant l'affaire
que la femme se propose de conclure; 2° dans l'acte
même pour lequel la femme en a besoin.

Mais après?

Remarquons que la question est importante par ses
conséquences : la ratification détruit l'action en nullité
du mari, mais laisse subsister celle de la femme. Ici il
n'y aurait pas de ratification; l'autorisation aurait un effet
plus radical, elle rendrait valable *ab initio* l'acte de la
femme et l'action en nullité n'aurait jamais pris naissance. Eh bien! cette autorisation après coup est-elle
licite?

D'excellents esprits enseignent l'affirmative.

Cette doctrine existait déjà dans l'ancien Droit et avait
fini par prévaloir même dans les Coutumes où l'autorisation était sacramentelle; or il serait illogique de décider
autrement sous l'empire du Code qui se contente de la
simple approbation de l'époux. Pourquoi se montrer plus
rigoureux aujourd'hui que dans l'ancienne législation?

Que manquait-il au contrat de la femme? Le consentement de son conjoint. Ce contrat n'est pas nul absolu-
lument, il est vicieux, imparfait, c'est possible, mais

voilà tout, et s'il survient un acte postérieur qui couvre, efface ce vice, *cessante causa cessat effectus*, l'acte possède désormais tous les éléments nécessaires à sa validité.

On invoquera peut-être les règles de l'*auctoritas tutoris* chez les Romains. « *Post tempus vero aut per epistolam interposita auctoritas nihil agit.* » (Ins. I, tit. xxi, § 2.) L'argument d'analogie n'est pas exact, car le pupille était incapable, tandis que chez nous la femme est personnellement capable, tant qu'elle reste fille : aussitôt qu'elle devient veuve, sa capacité est entière ; si elle passe en puissance du mari, alors, mais alors seulement, elle perdra ses pouvoirs. L'autorisation n'est pas pour l'épouse, comme à Rome pour le pupille, une augmentation de capacité (*augere personam*), ce n'est qu'un acte de protection dans l'intérêt de la puissance maritale et dans l'intérêt du ménage dont le mari est le chef : aussi lorsque le mari connaît ultérieurement le contrat qu'a passé sa femme à son insu, et qu'il y donne son approbation, l'acte est parfait, la femme ne peut se prévaloir de son insubordination pour obtenir l'annulation de son contrat.

L'article 183 permet au mineur qui a contracté mariage sans le consentement de ses ascendants ou de sa famille de demander la nullité de son mariage ; mais si les personnes dont le consentement était requis ratifient l'acte, l'enfant perd le droit de proposer la nullité. De même la femme perdra son action en nullité par la ratification de son époux.

Enfin les travaux préparatoires du Code (Fenet, IX, p. 74) ne laissent aucun doute sur la solution de cette question. (Colmar, 1816 ; Dijon, 1818 ; Zachariæ, Aubry et Rau, IV, p. 145; Marcadé, I, art. 225; Demante, I, n° 300 bis.)

Dans un autre système on raisonne ainsi :

Lorsque la femme a été habilitée à accomplir un acte, l'autorisation rend l'acte valable, et cela *erga omnes;* ni le mari ni la femme ne pourront l'attaquer. Il n'en est pas de même de l'acte que la femme a conclu en cachette de son mari ; cet acte est vicié et donne naissance à *deux* actions en nullité, l'une qui appartient au mari dont le pouvoir a été méprisé, l'autre à la femme dont les intérêts mal surveillés ont probablement souffert. Le mari pourra certainement renoncer à son action en accordant après coup son consentement, mais l'effet sera seulement de ratifier l'acte *quant à lui.* Pour la femme l'action est dans son patrimoine; le mari ne peut l'en dépouiller.

Oui, c'est vrai, le consentement de l'époux manquait seul à l'acte pour qu'il ait pleine validité; l'argument serait très-juste, mais à condition d'établir que l'incapacité de la femme a été organisée uniquement dans l'intérêt du mari ; or j'ai montré (chapitre I) que si la loi avait pris en quelque considération la puissance maritale, elle avait eu surtout en vue les propres intérêts de la femme et aussi ceux du ménage. Le mari ne pourra donc valider *contre sa femme* un contrat qu'elle a le droit de faire annuler dans son intérêt personnel.

Mais, objectera-t-on, la femme n'attaquant pas l'acte qu'elle a conclu, persiste dans son consentement, et l'approbation de son mari survenant, il y a le concours des volontés exigé par la loi, le vice disparaît.

Si la femme n'attaque pas le contrat, il n'est pas certain que ce soit parce qu'elle persiste dans les mêmes intentions, il y a un autre motif qui apparaît bien plus clairement, c'est la crainte de son mari. « Son silence, dit Mourlon, a une explication qui est bien plus naturelle ; elle reste dans l'inaction parce que, pour attaquer l'acte qu'elle a fait, il lui faudrait aller trouver son mari pour se faire autoriser à cet effet, et par suite lui révéler le délit dont elle s'est rendue coupable envers lui en contractant à son insu et au mépris de sa puissance. C'est ce que par faiblesse ou par crainte elle n'osera point faire. » (*Répétitions écrites*, p. 404.)

L'article 183 apporte une dérogation au principe, je le reconnais, mais c'est par faveur toute spéciale pour les mariages dont les nullités jettent la perturbation dans les familles et dans la société. Ce n'est qu'une exception et il n'est pas permis d'en créer de nouvelles par analogie.

Enfin l'article 1304 déclare que l'action en nullité est prescrite par dix ans, délai qui court contre la femme seulement du jour de la dissolution du mariage ; or si le mari pouvait pendant le mariage ratifier l'acte, après un délai de dix ans la ratification serait acquise contre lui et sa femme ; la femme serait donc privée elle-même de son action au bout de dix ans, à partir du jour où l'acte a été passé, l'article 1304 serait ouvertement violé. (Cassation, 1839 ; Paris, 1849 ; Paris, 1859 ; Touillier, I, n° 643 ; Duranton, II, n° 517 ; Proudhon et Valette, I, p. 467.)

Après bien des perplexités j'ai fini par adopter ce deuxième système, mais je dois avouer que l'argumentation du premier m'a fortement ébranlé. Ainsi l'autorisation sera donnée avant et même pendant l'affaire que traite la femme, jamais après. L'approbation antérieure ou concomitante à l'acte le rend valable absolument, personne ne pourra l'attaquer; l'approbation postérieure validera l'acte à l'égard de l'époux, mais le laissera imparfait et annulable dans l'intérêt de la femme.

---

## CHAPITRE IV.

### DE L'AUTORISATION DE JUSTICE.

Le législateur ayant fait des droits maritaux un des principes les plus essentiels du mariage, deux dangers, conséquences de ce principe, étaient à éviter. Le premier je l'ai examiné précédemment, c'est l'abdication du mari renonçant à son pouvoir et laissant à sa compagne liberté pleine d'agir à son gré : la spécialité de l'autorisation y a remédié. Mais le mari est affecté d'impuissance physique ou juridique, ou bien il oppose une injuste résistance aux demandes de sa femme, voilà pour celle-ci une situation fâcheuse qui devait attirer aussi l'attention et la sollicitude du législateur.

Abandonner les droits maritaux à la femme dont le conjoint est malade, absent, etc... ou refuse son adhésion, c'eût été oublier qu'on avait proclamé son incapacité, et se mettre en contradiction avec l'esprit général du Code sur cette matière : on était donc naturellement conduit à chercher dans la justice le protecteur nécessaire qui toujours présent, toujours capable, serait toujours disposé, si l'utilité en était démontrée, à accorder à la femme une autorisation.

L'autorisation de la justice remplace donc celle du mari dans deux cas : 1° lorsque le mari refuse injustement son consentement à sa femme ; 2° lorsqu'il est dans l'impossibilité de l'accorder.

## SECTION PREMIÈRE.

### AUTORISATION JUDICIAIRE AU CAS DE REFUS DU MARI.

Le mari n'a pas un pouvoir despotique ; il n'est pas le *dominus* de la famille, il en est seulement le chef. S'il refuse à tort l'adhésion que lui demande sa femme pour s'obliger, aliéner, etc... celle-ci ne doit pas être victime du mauvais vouloir de son conjoint, et c'est aux tribunaux qu'il appartient de décider si le refus, a, ou non, une cause légitime : s'ils reconnaissent que la femme était fondée dans sa réclamation, ils accorderont eux-mêmes l'autorisation.

« Comme il n'y a, dit M. Portalis, aucun pouvoir particulier qui ne soit soumis à la puissance publique, le magistrat intervient pour réprimer les refus injustes du mari et *pour rétablir* toutes choses dans l'état légitime. » (Locré, *Législation*, t. IV.)

En général, la justice peut donner son autorisation dans tous les cas où le mari pourrait lui-même accorder la sienne. Toutefois il ne faut pas poser cette règle d'une façon trop absolue : il est en effet certains cas dans lesquels l'autorisation judiciaire ne suppléera point celle de l'époux, je m'en occuperai ultérieurement.

## SECTION DEUXIÈME.

### AUTORISATION JUDICIAIRE AU CAS D'IMPUISSANCE DU MARI.

Le mari est incapable de fournir son consentement dans plusieurs circonstances, il est absent, interdit, condamné à une peine afflictive ou infamante, etc... alors la femme aura recours à la justice.

### 1° Absence du mari.

D'après les articles 222 du Code civil et 863 du Code de procédure, lorsque le mari est en état d'absence déclarée ou présumée, le juge a le droit d'autoriser. Mais si les tribunaux n'ont pas été appelés à se prononcer sur l'absence, si elle n'est encore qu'un simple fait (par exemple, le mari est en voyage à l'étranger), comment pourra agir la femme ?

Je crois que le mot *absent* n'étant pas toujours employé dans nos lois avec son sens strict, on doit l'appliquer par utilité au cas où le mari est simplement non présent, s'il y a réellement urgence. Il ne faut pas que la femme, profitant d'un voyage de son mari, puisse ainsi se soustraire à son autorité ; il ne faut pas non plus que dans une circonstance urgente elle soit forcée d'attendre le retour de son mari. « La femme, enseigne Pothier, peut recourir à la justice lorsque le mari est trop éloigné pour donner l'autorisation aussi promptement que le cas l'exige. » (*Puissance du mari*, n° 12.)

Du reste, cela a été dit de la manière la plus claire, au Conseil d'État, lors de la discussion de l'article 222. (Cassation, 1837.) Cependant plusieurs auteurs veulent que la femme attende le retour de son conjoint ou lui demande son approbation par lettre. (Zachariæ, Aubry et Rau, IV, p. 127 ; Massé et Vergé, I, p. 237 ; Marcadé, art. 222.)

### 2° Interdiction.

Supposons que la femme a été nommée tutrice de son époux (art. 507). Pour les actes qui concernent les biens personnels de son mari et ceux de la communauté, même pour l'administration de ses biens propres, si cette administration appartenait au mari, elle agira en sa qualité de tutrice ; comme elle remplit le mandat que la loi lui a confié, elle ne sera soumise à l'autorisation que dans les cas où un tuteur ordinaire s'y trouve astreint. En ce qui concerne au contraire ses biens personnels (si l'administration lui appartient déjà), elle restera soumise à la formalité de l'autorisation pour les actes qui dépassent les limites de l'administration.

M. Duranton (t. III, n° 754) enseigne que la femme n'a pas besoin d'autorisation pour ester en justice dans les cas où un tuteur peut ester, par exemple dans les matières mobilières (art. 464).

La doctrine de M. Duranton est, à mon avis, contraire au texte de la loi. La femme ne peut jamais paraître en justice sans être habilitée, et puisque dans la circonstance elle plaide non point comme mandataire de son conjoint interdit, mais en son propre nom, relativement aux biens propres, il est de toute évidence que l'autorisation est indispensable.

Supposons qu'elle n'ait pas été appelée à la tutelle. Le tuteur gérera les biens du mari, ceux de la communauté, et aussi les biens personnels de la femme (si elle ne les a pas réservés). Elle devra s'adresser à la justice pour obtenir permission de plaider et de conclure les actes qui eussent nécessité le consentement marital.

3° Il est pourvu d'un conseil judiciaire.

Il est bien certain que pour tous les actes qu'il peut faire lui-même, le mari pourvu d'un conseil est capable d'autoriser sa femme; mais pour les actes qu'il lui est interdit de faire seul, son autorisation sera-t-elle valable?

Un premier système exige que le mari qui autorise soit assisté de son conseil. Incapable lui-même d'accomplir certains actes, comment rendrait-il sa femme capable de le faire? Pour concilier avec la raison l'article 222 qui ne prononce une incapacité que contre l'interdit, décidons qu'il est capable d'autoriser sa femme sous la même condition à laquelle est soumise sa capacité personnelle. (Paris, 1833; Magnin, *Des minorités*, I, n° 909.)

Dans une seconde opinion c'est la justice qui doit accorder l'autorisation. Le mot *interdit* de l'article 222 comprend aussi bien les demi-interdits que ceux à qui tous les droits sont refusés; cette interprétation est d'abord conforme aux traditions de l'ancien Droit (*Nouveau Denizart, Autor.* 7), et aussi au système général du Code d'après lequel il y a lieu à l'intervention de la justice lorsque le mari n'est plus capable : le mari mineur autorisera-t-il sa femme, seul ou même avec l'assistance de son curateur? pas du tou', c'est de la justice que viendra l'autorisation. Pourquoi décider autrement dans l'hypothèse qui nous est offerte?... (Cassation, 1840; Rennes, 1840; Zachariæ, Aubry et Rau, IV, p. 130; M. Valette, *à son Cours.*)

Je ne suivrai ni l'un ni l'autre de ces systèmes, et j'accorderai au mari le droit d'autoriser sa femme même à faire un acte dont il serait lui-même incapable.

Nul texte en effet ne prive le mari demi-interdit de son droit d'autorisation ; à la règle générale qui permet au mari d'habiliter sa femme, il y a une exception, elle vise l'interdit, uniquement l'interdit, et nulle exception ne doit se suppléer. Il n'y a à invoquer aucune raison d'analogie avec la situation juridique de l'interdit ; celui-ci est en démence ou en imbécillité, mais tel n'est pas l'individu pourvu d'un conseil judiciaire ; on a craint qu'il ne dissipât sa fortune, et pour éviter sa ruine on le rend incapable de certains actes soigneusement limités par l'article 513 ; or le texte de cet article ne prononce pas de déchéance quant au pouvoir d'autorisation. D'ailleurs il n'y avait pas lieu de la prononcer : le mari ne vend pas, n'achète pas, n'agit en aucune manière, il donne purement son consentement à sa femme, ce n'est pas ainsi qu'il dissipera son patrimoine.

#### 4° Minorité.

Autrefois le mari mineur pouvait habiliter sa femme majeure à faire des actes d'administration ou même d'aliénation et à ester en justice : c'était la conséquence du principe qui formait alors la base de l'incapacité de la femme, la puissance maritale.

L'article 224 du Code civil a modifié cette partie de la législation, et je rappelle que cette modification est un des plus solides arguments pour établir que dans le Code l'autorité maritale n'est pas la base de l'incapacité de la femme.

« Comment le mari, disait M. Portalis, pourrait-il autoriser les autres, lorsqu'il a lui-même besoin d'autorisation? » (Locré, *Legisl.* t. IV.)

« Si le mari est mineur, l'autorisation du juge est nécessaire à la femme, soit pour ester en jugement, soit pour contracter. » (art. 224.)

Ainsi, toutes les fois qu'il s'agira d'actes de disposition, la femme du mineur recourra à la justice. Cependant, émancipé par le fait même de son mariage, le mineur n'est pas complétement incapable : certains actes, tels que ceux d'administration, l'exercice des actions mobilières lui sont permis (art. 481 et 482); habile à les faire seul et sans l'assistance de personne, il pourra évidemment habiliter sa femme à les accomplir.

La femme est elle-même mineure, *quid juris?* Dans ce cas elle est doublement incapable, et comme mineure (émancipée il est vrai), et comme femme mariée; son mari, s'il est majeur, lui sert de curateur.

J'en conclus : 1° que tous les actes qu'un mineur émancipé peut accomplir avec le seul concours de son curateur (art. 482), la femme les fera valablement avec l'adhésion de son époux (en l'autorisant comme époux, il l'assiste comme curateur); 2° quant à ceux des actes pour lesquels l'assistance du curateur ne suffit pas au mineur émancipé, il faudra suivre les formes ordinaires, et obtenir, suivant les circonstances, l'approbation du conseil de famille, l'avis de trois jurisconsultes désignés par le procureur de la République près le tribunal de première instance, et l'homologation du tribunal.

Si le mari refuse injustement son consentement, ou s'il est dans l'impossibilité de le donner, l'article 2208 nous indique le mode de procéder : le tribunal nommera un tuteur *ad hoc* pour chaque affaire; l'état d'une femme mariée ne comporte pas en effet l'établissement d'une curatelle permanente et universelle.

Le mari est-il lui aussi mineur, il ne sera pas curateur de sa femme, pourtant il n'y aura pas encore de curateur permanent : on suivra la procédure indiquée par l'article 2208.

Je suppose la femme interdite; le mari sera tuteur de droit, et la représentera dans tous les actes; mais si le mari est excusé, destitué de la tutelle, ou n'accepte pas cette fonction, alors le tuteur sera un étranger, et on se demande si ce tuteur étranger sera soumis à l'autorisation maritale?

La cour d'Amiens (décembre 1825) a décidé la négative par un arrêt puissamment motivé dont voici les termes :

« Considérant que l'autorisation du mari exigée par les articles 215 et 217, ne s'applique qu'au cas où la femme jouit de la plénitude de sa raison et agit elle-même ;

« Mais qu'il n'en est pas ainsi quand la femme est interdite, puisque, aux termes de l'article 509, elle est purement et simplement assimilée à un mineur...; que dès lors toute l'autorité du mari relativement aux biens de la femme a été transportée au tuteur... ;

« Qu'il serait contraire à toute raison de créer, par rapport à ces biens, deux autorités rivales et souvent inconciliables, celle du tuteur et celle du mari... »

M. Demolombe (*loc. cit.* n° 228) approuve cette décision.

Je ne saurais la combattre trop énergiquement. La base de l'incapacité de la femme n'est pas seulement, comme je l'ai montré, la protection de la femme ; elle prend sa source dans la sauvegarde des intérêts matrimoniaux. Il faut au ménage un chef unique, et ne pas imposer au tuteur l'obligation de demander le consentement du mari ce serait aller contre l'esprit de la loi et détruire cette unité indispensable. Comment admettre que le mari serait tenu à l'écart de la gestion du patrimoine de sa femme, et cela par un étranger ?

La cour de Montpellier (décembre 1841), dans une hypothèse presque analogue, rendait un arrêt dont voici l'un des motifs : « Considérant que la nomination d'un conseil judiciaire ne porte aucune atteinte à l'autorité maritale, et la laisse subsister dans toute sa force pendant le mariage... »

L'arrêt suppose donc que le consentement du mari sera exigé en même temps que l'assistance du conseil.

Il me semble que la solution doit être la même pour la femme interdite.

### 5° Incapacité pénale du mari.

« Lorsque le mari est frappé d'une condamnation emportant peine afflictive ou infamante, encore qu'elle n'eût été prononcée que par contumace, la femme, même majeure, ne peut, pendant la durée de la peine, ester en jugement ni contracter qu'après s'être fait autoriser par le juge, qui peut, en ce cas, donner l'autorisation sans que le mari ait été entendu ou appelé. » (Art. 221.)

Le mari est devenu indigne, par son crime, d'habiliter sa femme, souvent même il sera dans l'impossibilité physique de donner son consentement. Alors la justice intervient.

Sur ces mots : *pendant la durée de la peine*, deux difficultés se sont élevées.

*A.* — La peine principale ou accessoire de la dégradation civique fait-elle perdre à l'époux son pouvoir d'autorisation?

Je rappelle que la dégradation civique est la privation, à titre de peine, de tous les droits politiques, de plusieurs droits publics, et de *certains* droits de famille.

MM. Delvincourt (t. I, p. 75) et Massé et Vergé (*sur Zachariæ*, t. I, p. 288) enseignent l'affirmative : toute peine infamante a cet effet, et la dégradation civique est une peine infamante (art. 8, Code pénal). Partant de là, ces auteurs concluent que l'incapacité d'autoriser durera pendant toute la vie du condamné, sauf le cas de réhabilitation qui fait cesser l'infamie. (Art. 634, Code d'instruction criminelle.)

Je repousse ce système si rigoureux, et voici pourquoi :

1° L'article 34 du Code pénal ne comprend pas cette déchéance dans l'énumération de celles qu'entraîne la dégradation civique.

2° Des termes mêmes de la loi *pendant la durée de la peine,* il résulte que l'incapacité du mari aura une *durée limitée;* or, si cette incapacité découlait de la dégradation civique, elle serait *perpétuelle,* car la dégradation civique dure à perpétuité (sauf le cas excessivement rare de la réhabilitation). Ces mots *pendant la durée de la peine* doivent donc s'entendre de la peine principale, sans quoi ils n'auraient pas de sens : ainsi les condamnés aux travaux forcés à temps, à la détention, à la réclusion, etc... peines qui entraînent à *perpétuité* la dégradation civique (art. 28 Code pénal), seraient privés de leur pouvoir d'autorisation, même après avoir subi leur peine ; le texte de l'article 221 serait violé (Ducaurroy, Bonnier, et Roustairg, t. I, n° 378; Demante, t. I, n° 304 bis; Valette sur Proudhon, t. I, p. 470.)

Je déciderai donc que le condamné à la peine principale de la dégradation n'est pas dépouillé du pouvoir d'autoriser sa femme, que le condamné à la dégradation civique accessoire n'est privé de son pouvoir que pendant la durée de la peine principale.

*B.* — Le mari ne peut habiliter sa femme *pendant la durée* de la peine, encore qu'elle n'ait été prononcée que par contumace. Mais le condamné par contumace ne subit pas sa peine; comment expliquer cette contradiction?

On concilie entre elles ces diverses parties de l'article 221, en regardant comme durée de la peine la durée de la contumace elle-même, c'est-à-dire tout le temps qui s'écoule depuis la condamnation jusqu'au jour où la prescription de la peine est accomplie.

« Il faut ici, enseigne M. Valette, considérer comme *durée de la peine* le temps pendant lequel le condamné est sans cesse menacé d'en subir l'application, c'est-à-dire le temps antérieur à la prescription par lui acquise. » (*Notes sur Proudhon*, t. 1, p. 471.)

Quant au bannissement, peine infamante et temporaire, je pense que l'article 221 s'y applique, d'autant plus que le mari par son éloignement sera dans l'impuissance de fournir son consentement.

J'ai indiqué de nombreuses espèces où l'autorisation de la justice est substituée à l'autorisation maritale; il me reste à examiner deux hypothèses fort pratiques : si les conjoints veulent contracter ensemble, ou si la femme consent au profit de son mari une obligation envers un tiers, est-ce l'autorisation maritale ou celle de justice qui sera requise?

## Première hypothèse.

Les conjoints veulent contracter ensemble.

Il est nécessaire au préalable de parler brièvement d'un problème qui est le point de départ du nôtre.

Les contrats entre époux sont-ils permis ?

Ce n'est pas ici le lieu de traiter à fond cette grave et pratique question qui intéresse vivement toutes les familles ; je me contenterai, à mon grand regret, de toucher strictement les points indispensables à l'élucidement de la question qui en découle.

En Droit romain, ces contrats étaient permis, en général du moins, par exemple : la vente (Loi 7, § 6, *De donat. inter vir. et ux.*), la société (Loi 16, § 3, *De alim. vel cib. leg.*), le mandat (Loi 9, § 3, *De jur. dot.*) etc., etc., à la condition pourtant que les contrats ne procurassent pas à l'un des conjoints un avantage déguisé (on sait qu'à Rome les donations étaient prohibées entre époux. Loi 5, § 5, *De don. inter. vir. et ux...*)

Le Droit coutumier les avait interdits, du moins telle était la généralité des Coutumes.

« Gens mariés ne peuvent céder, donner ou transporter l'un à l'autre quelque chose que ce soit, ni faire contrats ou concessions par lesquels les biens de l'un viennent à l'autre, en tout ou en partie. » (Art. 410, Coutumes de Normandie.)

« Gens mariés, porte la Coutume du Nivernais (art. 27) constant leur mariage ne peuvent contracter au profit l'un de l'autre. »

« Notre Droit français, dit Pothier, a été beaucoup plus attentif à prévenir tous les avantages indirects que des conjoints par mariage pourraient se faire par les différentes espèces de contrats qui interviendraient entre eux pendant leur mariage, par lesquels ils transporteraient l'un à l'autre quelque chose de leurs biens. »

(*Des Donations entre mari et femme*, chap. ii, art. 1", n° 78.)

Ainsi le Droit romain se prononçait dans un sens, le Droit coutumier dans un autre tout opposé. A quel système s'est arrêté le Code civil?

Une première opinion enseigne que les contrats entre époux sont défendus, excepté ceux qu'un texte de loi permet. En effet, il répugne que l'on puisse être à la fois juge et partie, *Nemo potest auctor esse in rem suam :* quand on autorise on est juge, quand on traite on est partie. Les contrats entre époux masqueraient le plus souvent des libéralités irrévocables, et le législateur l'a si bien compris qu'il a interdit positivement la vente aux époux : « Entre personnes si intimement unies, il serait bien à craindre que la vente ne déguisât presque toujours une donation. » (M. Portalis.) Ce qui est vrai de la vente est vrai également pour les autres contrats, car en prohibant la vente la loi a voulu implicitement et *à fortiori* prohiber les autres contrats, tels que celui de rente perpétuelle ou viagère, de transaction, de prêt, le plus suspect et le plus dangereux de tous.

Enfin, dernier argument : lorsque le Code a voulu permettre aux époux de contracter ensemble, il s'en est expliqué en termes formels : sont licites les donations révocables (art. 1096); la dation en payement dans trois circonstances soigneusement définies (art. 1595); le rétablissement de la communauté après la séparation de biens (art. 1451), et enfin le mandat (art 1577). La règle générale c'est donc la prohibition.

Cette opinion est des plus sérieuses, et cependant j'hésite à y adhérer.

D'abord le premier argument *Nemo potest...* n'est pas exact. La donation entre époux est parfaitement permise, de même aussi la restriction de l'hypothèque légale de la femme sur les biens de son conjoint ; ces actes, la femme les accomplira avec l'autorisation de son mari qui sera ainsi juge et partie.

Je n'admets pas non plus que pour les contrats entre époux la règle générale soit la prohibition ; au contraire, selon moi, la capacité est la règle, l'incapacité l'excep· tion. Les époux sont en général capables de faire tous les actes, sauf quelques-uns que la loi a pris soin d'interdire: vente (excepté dans trois cas) et par conséquent aussi l'échange (art. 1707), donations irrévocables, etc... En se prononçant formellement sur ces actes, la loi a reconnu que les autres restaient sous l'empire du droit commun et étaient accessibles aux époux.

D'ailleurs ne serait-il pas profondément regrettable que le mari et la femme fussent dans l'impossibilité de contracter ensemble? Ainsi le dépôt, le commodat et tous ces contrats qui sont surtout de bons offices entre personnes vivant dans l'intimité la plus étroite, vous les interdirez! Le bail même sera prohibé; il faudra par exemple que la femme loue sa ferme à un étranger lorsque son mari, agriculteur expérimenté, serait si apte à se charger de cette entreprise! Et aussi le prêt, le prêt à intérêts qui présente, dans certains cas, de grands avantages aux époux, vous le prohiberez! Des inconvénients peuvent résulter de ces contrats, je ne le nie pas,

mais ils seront le plus souvent compensés par de sérieux
avantages (Cassation, 1846 ; Pothier, 1863 ; Caen, 1865 ;
Zachariæ, III, p. 332).

Maintenant que j'ai admis la validité des contrats entre
époux, reste à savoir qui autorisera la femme ?

Pour soutenir que c'est à la justice qu'il appartient
d'habiliter la femme, on invoque le danger qu'il y
aurait à laisser ce pouvoir au mari. Ce serait une
formalité dérisoire, car la plupart du temps l'initiative ne
viendrait pas de l'épouse, mais du mari, qui, abusant
odieusement de son empire, de son influence sur elle, la
jettera dans des affaires où déjà il s'est lui-même compromis et la conduira peut-être à la ruine. J'ajoute
qu'en décidant ainsi l'on fournirait un excellent moyen
de soustraire frauduleusement les biens de l'un des
époux aux poursuites de ses créanciers. L'autorisation
de justice au contraire ne présente aucun de ces inconvénients. Enfin la règle *Nemo potest...* s'applique ici plus
que jamais, et avec beaucoup de justesse : comment en
effet confier la surveillance d'une personne incapable à
celui-là même qui a des intérêts tout opposés ? encore une
fois, on ne peut pas être juge dans sa propre affaire.

Lisons les textes et nous verrons que, lorsqu'il y a
contrariété d'intérêts entre les conjoints, l'autorisation de
justice doit intervenir. C'est l'article 1558 relatif à la
vente de l'immeuble dotal, c'est encore l'article 2144
relatif à la restriction de l'hypothèque légale de la femme,
tel est partout l'esprit du Code civil (Cassation, 1810 ,
Cassation, 1812 ; Paris, 1839 ; Duranton, II, n° 473 ;
Vazeille, II, n° 354.)

Cette argumentation est des plus fortes, et de plus, elle est marquée au coin de la raison : si j'avais à proposer un système de loi, je n'hésiterais pas à adopter celui que je viens d'exposer, mais malheureusement la raison et les dispositions du Code ne sont pas toujours d'accord; il faut ici interpréter le Code, non le critiquer, et je dois chercher le système qui me paraît le plus conforme à l'esprit et aux textes de la loi.

D'après l'article 217 la femme peut donner, aliéner, etc... avec le concours de son mari ou son consentement par écrit ; or le mari qui contracte avec sa femme l'autorise, donc la femme ainsi habilitée est capable. Le principe est général : il y a des exceptions, je le reconnais, à la nécessité de l'autorisation maritale, lorsque l'époux refuse, est absent, etc... ; mais ces exceptions je les ai étudiées, et je n'ai pas rencontré permi elles le cas où les époux contractent ensemble.

Le décret du 17 mars 1809 est bien conforme à mon opinion : « La femme mariée peut constituer en majorat, en faveur de son mari et de leur descendants communs, les biens à elles propres, *sans qu'il soit besoin d'autre autorisation que de celle requise par l'article 217 du Code civil.* » (Art. 1.)

Aux objections de nos adversaires voici nos répliques :

La règle *Nemo potest...* ne s'applique pas au mari dans ses rapports avec sa femme; j'ai plus haut indiqué des hypothèses où la loi permet formellement au mari de donner son consentement, hypothèses où de toute évidence il est juge et partie.

Pothier (*Puissance du mari*, n° 42) explique très-bien

comment et pourquoi doit se faire l'application de la règle qu'on nous oppose : « Si un tuteur ne peut pas être *auctor in rem suam*, c'est que l'autorité du tuteur étant requise pour veiller à l'intérêt du mineur, un tuteur n'est pas propre à autoriser son mineur pour des contrats dans lesquels le tuteur a un intérêt contraire à celui du mineur ; ce qui ne reçoit aucune application à l'autorisation du mari, qui n'intervient pas pour veiller aux intérêts de la femme, qui est capable d'y veiller elle-même, mais pour habiliter sa femme à contracter ; or il peut également l'habiliter pour un contrat qui intervient entre lui et sa femme, comme pour des contrats que sa femme fait avec des tiers ; c'est pourquoi, nonobstant l'avis de ces auteurs, il est plus sûr que le mari autorise sa femme dans les contrats qui interviennent entre lui et elle. »

Si dans l'article 1558 l'autorisation de justice est exigée, l'autorisation du mari n'est pas pour cela exclue : d'ailleurs il ne s'agit plus dans l'hypothèse visée par cet article du consentement marital, il s'agit d'une permission nécessaire aux deux époux, au mari comme à la femme, pour aliéner dans des circonstances urgentes l'immeuble déclaré inaliénable par contrat de mariage. Quant à l'article 2144, il y a exception à la règle, rien de plus vrai, exception qui explique et justifie le danger de la restriction de l'hypothèque que va consentir la femme en faveur de son mari : aussi ce n'est pas une autorisation de justice ordinaire qui est donnée, il faut d'abord l'avis favorable des quatre plus proches parents de la femme réunis en assemblée de famille, puis il y a un procès, un débat véritable, le tribunal prononcera un jugement bien plutôt qu'une autorisation.

Enfin, pour répondre à tout ce qu'on avance des dangers que courrait la fortune de la femme livrée au bon plaisir du mari, de la misère de celle-ci, de la paix du ménage troublée et par suite de l'ordre public compromis, je dirai que depuis soixante ans d'expérience du système actuel, la société n'a pas été mise en péril et qu'au contraire ce système a puissamment contribué à la bonne administration des biens et aussi à la tranquillité des époux (Nîmes, 1842 ; Grenoble, 1851 ; Demante, I, n° 300 bis ; Marcadé, *Revue critique*, 1852).

### Deuxième hypothèse.

La femme s'oblige envers les tiers dans l'intérêt de son mari ; de quelle autorisation a-t-elle besoin?

Les longues explications fournies sur la première hypothèse ont beaucoup simplifié la discussion de cette question, qui se trouve déjà à peu près résolue.

Le Code civil venait d'être promulgué, lorsqu'un arrêt de la cour de Turin (Décemb. 1808) décida que la femme ne pourrait s'obliger dans l'intérêt de son mari qu'avec l'autorisation de justice.

Cet arrêt s'appuyait sur l'éternelle maxime *Nemo potest...*, et sur l'article 1427 : « La femme ne peut s'obliger ni engager les biens de la communauté, même pour tirer son mari de prison, ou pour l'établissement de ses enfants en cas d'absence du mari, qu'après y avoir été autorisée par justice. » Les dispositions de ce texte sont générales, elles défendent à la femme de s'obliger, même pour délivrer le mari de prison, sans y avoir été autorisée par la justice.

J'ai déjà fait remarquer que la maxime *Nemo potest…*, n'est pas applicable au mari dans ses rapports avec sa femme : elle ne lui est pas davantage applicable lorsque la femme traite avec un tiers, même dans l'intérêt de son époux; et en effet, le danger sera moins grand : il y aura contre l'abus de la puissance maritale la garantie de la présence du tiers dans l'acte. Ce n'est pas tout, j'admets pour un instant que cette règle soit applicable à notre sujet, elle ne s'étendait pas à l'hypothèse où celui qui assiste un incapable ne devait tirer qu'un bénéfice indirect de l'acte conclu par l'incapable.

« Quanquam regula sit juris civilis *in rem suam auctorem tutorem fieri non posse*, tamen tutor proprii sui debitoris hæreditatem adeunt pupilli auctoritatem accommodare potest, quamvis per hoc debitor ejus efficiatur; prima enim ratio auctoritatis ea est, ut hæres fiat ; per sequentiam contingit ut debitum subeat. » (Lois 1 et 7, *De auct. et cons. tut.* Digeste.)

On objecte l'article 1427 : mais lisez l'article précédent et vous y trouverez son explication. La femme qui s'oblige, habilitée par la justice, n'oblige qu'elle seule, et nullement le mari ni la communauté. Voilà ce que renferme l'article 1426. Dans deux cas la communauté et le mari seront obligés, et à cet effet il faudra l'autorisation de la justice : 1° pour tirer le mari de prison; 2° pour établir les enfants, en l'absence du mari. Telles sont les dispositions de l'article 1427, il n'y a pas lieu d'en conclure qu'il déroge au principe général des articles 217, 219 et 222.

Cette explication est confirmée par les textes : l'article 217 déclare la femme absolument capable de contracter avec le consentement ou le concours de son époux ; les articles 218 et 219 déterminant les hypothèses où la justice interviendra, ne font aucune mention de celle où la femme s'oblige envers un tiers dans l'intérêt de son conjoint ; enfin les articles 1419 et 1431 supposent en toutes lettres que la femme a contracté un engagement valable avec le seul consentement de son époux, dans l'intérêt et comme caution de celui-ci (Colmar, 1812 ; Cassation, 1812 ; Zachariæ, Aubry et Rau, IV, p. 131 ; Demante, I, n° 300 bis.)

## SECTION TROISIÈME.

### DES CAS OU L'AUTORISATION JUDICIAIRE NE PEUT SUPPLÉER CELLE DU MARI.

La justice est l'auxiliaire des époux pour la défense des droits maritaux et la protection des intérêts de la femme ; à défaut du mari, elle prend en ses mains le pouvoir dont il ne peut ou ne veut se servir, et en use avec la même capacité et la même étendue. Tel est le principe :

Mais il y des cas dans lesquels l'autorisation de la justice ne peut suppléer le consentement du mari ; il faut absolument que la femme soit habilitée par son époux lui-même.

1° Lorsqu'elle veut aliéner ses immeubles dotaux pour l'établissement des enfants communs.

D'après l'article 1556, la femme peut aliéner l'immeuble dotal, à l'amiable, *mais avec l'approbation de son mari*, pour l'établissement des enfants communs : dans cette hypothèse l'autorisation de la justice ne remplacerait point celle de l'époux; celui-ci étant présumé ressentir pour ses enfants la plus vive affection, doit avoir de justes raisons s'il s'oppose à leur établissement; son refus même non motivé est considéré comme légitime.

Cette disposition devra être renfermée strictement dans ses termes, car c'est une exception à la règle de l'article 219. Ainsi la justice pourra sous tous les autres régimes et même sous le régime dotal permettre à la mère de consacrer un de ses immeubles *paraphernaux* à l'établissement des enfants communs.

2° Lorsque étant mariée sous un autre régime que celui de la séparation de biens, elle veut accepter une exécution testamentaire (art. 1029).

L'exécution testamentaire étant imposée aux héritiers doit leur offrir des garanties sérieuses; or le mari de la femme commune a la jouissance de ses biens, jouissance à laquelle ne peut nuire l'autorisation judiciaire; et puisque les droits du mari sont respectés, la fortune de la femme n'offrira qu'une garantie insuffisante.

Il n'en sera pas de même lorsque la femme est séparée de biens : le mari n'ayant point la jouissance du patrimoine de sa femme, celle-ci présente aux héritiers autant de garanties que toute personne, et dans ce cas la justice reprendra tout son pouvoir d'autorisation.

3° Pour compromettre.

Cela ressort de la combinaison de l'article 83 du Code de procédure avec l'article 1004 du même Code : les causes des femmes non autorisées par leur mari sont communicables au Ministère public ; or d'après cet article 1004, dans les causes sujettes à communication il est interdit de compromettre.

4° Lorsqu'elle veut faire le commerce.

Du moins telle est l'opinion générale ; pour ma part je ne saurais y adhérer.

Cette exception mérite attention, elle est l'objet de controverses et divise encore aujourd'hui les auteurs.

La femme devient commerçante sans aucune formalité, par le simple consentement de son mari : même le silence de celui-ci équivaut à son concours. Mais si le consentement marital est facilement présumé, il ne peut être remplacé par aucune autre autorisation ; l'article 4 du Code de commerce est formel : « La femme ne peut être marchande publique sans le consentement de son mari. »

Il y a présomption d'incapacité chez la femme, le mari seul pourra apprécier s'il y a lieu de l'en relever : telle est la traduction de cet article ; d'ailleurs la règle de la spécialité qui s'applique à l'autorisation judiciaire comme à l'autorisation maritale, s'oppose à ce que la justice accorde une autorisation générale. La loi, par exception, a permis au mari de donner à sa femme commerçante une autorisation générale, mais au mari seulement, elle n'a point fait d'autres dérogations ; donc la justice n'a pas le pouvoir d'habiliter.

Pour justifier cette rigoureuse décision de la loi on a dit : Il s'agit pour la femme du choix d'un genre de vie tout différent de celui qu'elle a mené jusqu'alors, pour lequel elle n'a peut-être qu'une médiocre aptitude, et le mari est le seul bon juge de la convenance de cette demande.

La femme devenant commerçante, c'est un bouleversement complet dans les relations des époux : comment admettre qu'un tribunal puisse ainsi changer entièrement la condition d'une famille, y amener des dissensions, des querelles, et même la ruine ?... D'après l'article 7 du Code de commerce, les femmes marchandes publiques ont le droit d'engager, d'hypothéquer, et même d'aliéner leurs immeubles : voyez-vous les époux mariés sous le régime de la communauté, et la femme devenant sans le consentement du mari, malgré lui, capable de tous ces actes!

Personne ne soutiendra que la communauté et le mari seraient engagés par les conventions commerciales de la femme autorisée de justice; et pourtant la loi, à chaque pas (art. 220, 1426, Code civ.; 5, Code de com.), suppose que la femme commerçante engage la communauté; la loi entend donc par cela même que la femme ne sera commerçante qu'avec l'approbation de son mari.

Ce système présente certains inconvénients, c'est possible; mais il y en aurait de plus grands encore à ce que la femme pût ainsi, contre le gré de son mari, s'exposer aux chances du négoce et à la honte de la faillite : bien

plus, dans l'hypothèse d'une banqueroute frauduleuse,
la femme serait punie d'une peine afflictive et infamante
qui la retirerait du sein de sa famille et la déshonorerait
à jamais, voilà le danger qu'il fallait prévenir, voilà les
considérations puissantes qui ne permettent pas d'hésiter
sur la solution de cette difficulté (Tribunal civil de
Lyon, 1869; Demolombe, *loc. cit.* n° 248; Bravard-
Veyrières, *Manuel du Droit comm.*; Zachariæ, Aubry et
Rau, IV. p. 134.)

Cette opinion est, je crois, la plus juridique (je ne dis
pas la meilleure, et comme législateur, je ne la consa-
crerais pas); elle découle certainement et de l'esprit et
du texte du Code; cependant elle n'en a pas moins été
attaquée violemment à cause de ses grands inconvénients
dans la pratique, j'ai moi-même l'intention de la combattre tout à l'heure.

Pour tempérer la rigueur du système que je viens
d'exposer de nombreuses distinctions ont été proposés.

La Cour de Paris (octobre 1844) admettait que la
justice pouvait autoriser la femme à faire le commerce du
moment où elle était séparée de biens; alors en effet le
mari n'a plus rien à craindre, puisque les biens ne sont
plus en communauté.

On a été plus loin et on a prétendu que le droit d'autorisation n'appartenait aux tribunaux que si la séparation de corps avait été prononcée; désormais rien n'est
plus commun, ni biens, ni domicile, ni relations, chacun
vit de son côté, organise son existense à sa guise. Comment soumettre la femme à la nécessité de l'autorisation
du mari alors qu'il n'y a plus de ménage commun!

(Caen, 1846; Paris, 1860; Grenoble, 1863; Demante, *Cours analyt.* I, n° 302.)

Supposons le mari incapable, absent, faudra-t-il encore admettre la compétence exclusive de celui-ci?

C'est de ce côté que se porte tout l'effort des adversaires du premier système, ils ont compris avec raison que là était son point vulnérable. En effet, la plus grave présomption contre l'utilité, l'à-propos de l'entreprise de la femme, le refus du mari, n'existe plus et même est remplacée par la présomption contraire, car si la justice exauce les souhaits de la femme, il y a lieu de penser que le mari capable ou présent agirait de même. Alors « l'autorisation de la justice ne sera pas la contradiction, mais au contraire une substitution à la volonté, présumée conforme, du mari. » Ainsi en cas d'absence ou d'incapacité du mari, la justice pourra habiliter la femme à faire le commerce (Marcadé, sur l'art. 220; Duranton, II, n° 478).

Je n'approuve pas toutes ces distinctions, qui me paraissent inconciliables avec les textes dont j'ai parlé plus haut, mais les considérations invoquées dans ces systèmes me touchent infiniment : je déplore que le législateur n'ait pas songé davantage à la situation faite dans cette circonstance à la femme et même à la famille; il est certain que les rédacteurs du Code n'ont pas apporté une grande attention à cette matière : sur ce point, comme sur tant d'autres, ils ont été, par leur. négligence même, d'une iniquité révoltante envers la femme, ils ont méconnu son caractère, son intelligence, tout ce qu'il y a de bon et de sensé chez cette créature, pour ne considérer que ses défauts inhérents, hélas! à tout être humain. Je crois donc que ni l'article 4 du Code de commerce, ni l'article 220 du Code civil n'ont prévu l'hypothèse dont il s'agit : elle a été omise et doit être en conséquence réglée par l'équité et le bon sens.

Pour remédier à cet oubli impardonnable du législateur, voici le système que je propose, tout à fait radical, opposé complétement à celui qui exige, à l'exclusion de toute autre, l'autorisation maritale.

Je le formule ainsi : La justice pourra *toujours* habiliter la femme à faire le commerce, *toujours*, c'est-à-dire que le mari soit absent, ou incapable, ou même qu'étant *capable et présent* il refuse son adhésion, sous quelque régime que soient mariés les époux, aussi bien sous celui de la communauté que sous celui de la séparation de biens.

Je crois ce système conforme aux textes : en effet, d'après l'article 219, la justice supplée le mari lorsque celui-ci refuse à tort son consentement; la règle est générale, absolue; y a-t-il un texte qui déroge à cette règle? qu'on me le cite, car moi je ne le connais pas.

En vain vous invoquez les inconvénients déjà et si vivement signalés; la justice est une excellente appréciatrice, soyez assuré qu'elle veillera aux intérêts et à l'honneur du mari en même temps qu'elle permettra à la femme de se créer une existence convenable, à l'abri du besoin. Quoi! la femme et les enfants sont plongés dans la misère, résultat des débauches ou des folles spéculations du mari, la femme est là, pleine d'énergie, reconnue capable et très-apte aux affaires, et parce que le mari, poussé par je ne sais quel reste de stupide va-

nité, refuse son consentement, vous condamnerez cette
famille à une existence lamentable dont il est impossible
d'indiquer le terme! Ah! prenez garde au désespoir
de la malheureuse mère, ne la forcez pas d'aller chercher
dans la prostitution le pain de ses enfants! Ne vaut-il
pas mieux, je le demande aux hommes impartiaux, reconnaître aux tribunaux cette faculté d'appréciation que
de leur dénier un pouvoir qui sera souvent si profitable
à toute la famille et au mari lui-même?...

Lorsque la femme veut embrasser la professio d'artiste, faut-il donner la même solution et permettre aux
tribunaux d'habiliter la femme, au refus du mari?

En répondant négativement je ne crois pas être en
contradiction avec ma der ière décision : dans l'hypothèse que je viens d'examiner, les intérêts matériels de la
femme étaient surtout, étaient uniquement en jeu; elle
voulait faire le commerce pour se procurer une existence
honnête, à l'abri des funestes suggestions de la misère.
En définitive, l'honneur du mari n'était point engagé; sa
vanité, peut-être, mais qu'importe! Et puis le tribunal
entend les parties, contrôle leurs explications par des
renseignements personnels, presque toujours il a des
données certaines, des bases d'appréciations suffisantes
pour éclairer et dicter sa sentence.

Mais quant au choix de la profession d'artiste, ce
n'est plus cela. Moi, mari, j'ai, pour résister aux demandes de ma femme, des motifs peut-être des plus
sages, des plus respectables, qui échappent par leur nature à l'examen de la justice. Quoi de plus naturel qu'un
homme redoute pour sa femme et pour lui-même les

écueils dont est semée la carrière théâtrale! Il connaît mieux que personne le caractère de sa compagne, ~~3 légèretés, ses inconséquences, il les a souffertes bien des fois, et c'est une raison de plus de lui interdire la vie scénique si remplie de séductions et aussi de désillusions amères. Cet homme songe à sa famille, à ses enfants sur qui rejaillira la honte des fautes de la mère de famille; il est souverain juge, et s'il a dit : Non! nulle puissance humaine n'aura le droit de s'élever contre sa résolution.

Le tribunal de la Seine (octobre 1867) n'adoptait pas ces raisons et rendait un jugement ainsi conçu :

« Attendu que l'autorisation de contracter un engagement théâtral peut, comme toutes les autorisations, être accordée par le tribunal en chambre du conseil, à défaut du consentement du mari;

« Attendu qu'il y a pour la dame..... nécessité de pourvoir à ses besoins;

« Par ces motifs,

« Le tribunal accorde à la dame..... l'autorisation demandée et condamne son mari aux dépens. »

La Cour de Paris infirma le jugement, et voici les principales dispositions de son arrêt :

« Sur l'exception présentée par l'appelant, considérant que l'appelant soutient qu'il est de certains actes, notamment un engagement théâtral, souscrit par une femme, pour lesquels l'autorisation de son mari ne peut être remplacée par celle de la justice;

« Considérant que la disposition de l'article 219 est générale, qu'il était en effet impossible de reconnaître au mari le droit absolu d'empêcher sa femme d'exercer

honnêtement une profession qui serait son unique ressource, qu'ainsi l'exception a été à bon droit repoussée
par le tribunal ;

« Au fond, considérant que si la carrière théâtrale peut
être dignement suivie, on ne peut se dissimuler qu'elle
présente bien des dangers pour une jeune femme et
qu'elle appelle sur ses fautes et même sur ses impru-
dences, une publicité et un éclat tout particulier ; qu'il est
dès lors du devoir du mari, comme du père de famille,
d'examiner avec soin s'il convient de laisser sa femme
ou sa fille s'engager dans une telle voie ;

Statuant au fond, met à néant le jugement dont est
appel... etc... » (Janvier 1868.)

La Cour n'a pas pensé qu'aucune raison juridique dût
placer l'engagement théâtral en dehors d'une disposition
qui est de nature à sauvegarder aussi bien l'honneur que
les droits et les intérêts des femmes mariées, mais en fait
elle a refusé l'autorisation qui lui était demandée. Son
arrêt est trop absolu : il est évident pour moi que dans
cette hypothèse la justice n'a pas à intervenir ; le mari
est le seul gardien de l'honneur de sa femme, et mieux
que la justice il saura y veiller.

Les mêmes motifs m'engagent à donner encore la
même solution lorsqu'une femme, au refus de son mari,
s'adresse à la justice pour publier des œuvres littéraires
ou faire représenter des pièces de théâtre.

Là aussi on a répété l'argument déjà mis en avant
dans la question précédente : La justice peut intervenir
pour accorder à la femme l'autorisation qu'elle désire et
que le mari lui refuse, car cette intervention est de droit

commun ; la règle générale est que l'autorisation judiciaire tient lieu de la volonté du mari (art. 219). Au contraire les circonstances dans lesquelles le consentement du mari ne peut être suppléé sont expressément énumérées et réduites strictement au nombre de *quatre ;* or la publication d'œuvres littéraires n'est pas comprise dans ces quatre exceptions, donc elle rentre dans la règle générale qui est l'appel devant la justice de la décision du mari.

Il peut arriver ainsi qu'une femme d'un esprit supérieur soit unie à un mari vulgaire, faudra-t-il priver la société d'œuvres fort remarquables pour respecter la volonté d'un homme obstiné et incapable d'en apprécier les mérites ?

Je répondrai :

L'article 219 n'est pas applicable à la question ; il s'agit en effet, non pas des intérêts matériels, mais de la direction morale de la famille, direction qui réside en la main du mari seul d'après l'article 213.

La femme va adopter un genre de vie qui l'expose à toute sorte d'écueils, où elle court grand risque de perdre les vertus les plus précieuses, les qualités essentielles d'une mère et d'une épouse, et le mari n'aura rien à y voir ! Cela n'est pas possible. Si le mari consent à se traîner sur les pas de sa compagne dans cette carrière orageuse, il est libre de l'autoriser, mais s'il refuse, nul n'a le droit de réformer son verdict.

La théorie que j'expose me paraît fort équitable. Qu'on ne m'accuse pas d'illibéralisme : je suis le premier à m'élever contre l'omnipotence maritale sur la fortune, sur les intérêts matériels de la femme ; mais quant à sa conduite, quant à sa direction morale, le rôle du mari ne peut se réduire à néant ; l'homme est solidaire de l'honneur de sa compagne, et comme tel il sera le juge le plus compétent de la convenance de ses actes.

En général, la femme devient commerçante avec l'autorisation de son mari ; mais le consentement de celui-ci n'est plus suffisant lorsque la femme est mineure :

« Tout mineur émancipé de l'un et l'autre sexe, âgé de dix-huit ans accomplis, qui voudra profiter de la faculté que lui accorde l'article 487 du Code civil, de faire le commerce, ne pourra en commencer les opérations, ni être réputé majeur, quant aux engagements par lui contractés pour faits de commerce, 1° s'il n'a été préalablement autorisé par son père, ou par sa mère, en cas de décès, interdiction ou absence du père, ou, à défaut du père et de la mère, par une délibération du conseil de famille homologuée par le tribunal civil ; 2° si, en outre, l'acte d'autorisation n'a été enregistré et affiché au tribunal de commerce du lieu où le mineur veut établir son domicile. » (Art. 2, Code com.)

Il résulte de ce texte : 1° que la femme mariée mineure de dix-huit ans ne pourra être marchande publique, 2° qu'après cet âge elle pourra recevoir l'autorisation d'entreprendre un commerce, mais suivant des conditions prescrites.

Si l'on regarde comme contradictoire l'article 4 qui exige seulement le consentement du mari, j'observerai que l'article 4 ne déroge point à l'article 2 : le consentement du mari est toujours nécessaire, mais ne suffit plus dans l'hypothèse ; il faudra encore que les conditions de l'article 2 soient remplies : voilà tout ce que je vois dans le rapprochement de ces deux textes. On comprend qu'il y aurait danger à ce que le mari pût autoriser une si jeune femme à aliéner ou hypothéquer ses immeubles ; il lui serait ainsi très-aisé de dénaturer la fortune et de se l'approprier ensuite. Le consentement paternel, celui du conseil des parents, l'homologation du tribunal, ce seront là des garanties pour la femme et pour la famille contre les abus de pouvoir de son époux. (Toulouse, 1521 ; Pardessus, *Droit Com.* I, n° 63.)

## SECTION QUATRIÈME.

### PROCÉDURE EN AUTORISATION. — COMPÉTENCE DU TRIBUNAL.

La compétence du tribunal varie suivant l'autorisation qu'il s'agit d'obtenir.

Première hypothèse. — La femme veut contracter ou plaider comme demanderesse.

Le tribunal compétent pour connaître de la demande en autorisation est assurément, si les époux ne sont pas séparés de corps, le tribunal de première instance du domicile commun. (Art. 219.) Cet article ne désigne le tribunal que relativement à l'autorisation de contracter, mais on s'accorde à étendre sa disposition au cas où la femme sollicite l'autorisation de plaider.

Mais si, la séparation de corps ayant été prononcée

entre eux, la femme a son domicile dans son arrondissement distinct, ce n'est pas au tribunal du domicile du
mari que la demande devra être portée, mais au tribunal
de cet autre arrondissement, « car, remarque M. Valette,
le fond de l'affaire n'est pas alors un procès entre les
époux, mais un acte de juridiction *volontaire* ou *gracieuse*,
sollicité par la femme ; le mari n'y est appelé qu'incidem-
ment et pour donner des explications. » (*Cours de Code
civ.* p. 251, Paris, 1864 ; Paris, 1865.)

Aucune difficulté lorsque la femme plaide en première
instance ; alors, comme je viens de le dire, elle portera
sa demande devant le tribunal lui-même. Mais lorsqu'elle
plaidera en appel, *quid juris?*

Je pense qu'elle devra solliciter l'autorisation de la
Cour. S'adresser au tribunal qui a jugé en premier ressort et lui demander la permission de faire annuler sa
décision, ce serait ridicule et surtout inconvenant ; s'a-
dresser à un autre tribunal de même rang, ce serait l'in-
vestir d'un droit de révision qu'il n'a pas ; tels sont les
motifs qui me paraissent suffisants pour me prononcer
en faveur de la compétence de la Cour. (Cassation, 1843 ;
Besançon, 1864 ; Demolombe, n° 262.)

La même question se présente pour l'autorisation nécessaire à la femme qui se pourvoit en cassation.

Là-dessus la loi est muette : M. Carré (t. III, n° 3910)
dit fort bien « qu'aucune disposition, soit du Code civil,
soit du Code de procédure, n'a statué sur cet objet. »

Les mêmes arguments dont je me suis servi il y a un
instant, m'amènent à cette conclusion que la femme devra
solliciter l'autorisation de la Cour suprême.

Néanmoins la Cour de cassation (mai 1846) a déclaré valable l'autorisation donnée par le tribunal du domicile du mari ; depuis elle a sans réserve adopté cette opinion que les Cours d'appel ont suivie. (Bordeaux, 1849 ; Bordeaux, 1851 ; Cassation, 1855 ; Cassation, 1868.)

Deuxième hypothèse. — La femme plaide comme défenderesse.

Dans ce cas le mari est mis en cause avec sa femme, procédure indiquée par les articles 812, 2° et 2208 : le demandeur assigne, en même temps que la femme, le mari à l'effet de l'autoriser. Si celui-ci refuse son consentement, le poursuivant déposera des conclusions tendant à faire autoriser la défenderesse, et le tribunal qui sera juge du procès statuera sur l'autorisation. Il en résulte que l'autorisation pourra être donnée soit par une Cour, soit par un tribunal civil, soit par un tribunal de commerce, soit même par un juge de paix : le tribunal compétent pour juger le fond de l'affaire est aussi compétent pour connaître des incidents, surtout de ces sortes d'incidents qui ne sont qu'une formalité accessoire. *Accessorium sequitur principale.*

L'article 219 du Code civil avait réglé la marche à suivre dans le cas où la femme demanderait l'autorisation de contracter : Après avoir inutilement sollicité le consentement de son mari, elle devait le citer directement et sans sommation préalable devant le tribunal qui donnait ou refusait son autorisation après avoir en la Chambre du conseil entendu les observations du mari, ou du moins après l'avoir dûment appelé.

Quant à l'autorisation d'ester en justice, le Code était

resté muet sur les formes de procéder; les articles 861 et 862 du Code de procédure comblèrent cette lacune.

« La femme qui voudra se faire autoriser à la pousuite de ses droits, après avoir fait une sommation à son mari, et sur le refus par lui fait, présentera requête au président qui rendra ordonnance portant permission de citer le mari, à jour indiqué, à la Chambre du conseil pour déduire les causes de son refus. »

« Le mari entendu ou faute de se présenter, il sera rendu, sur les conclusions du ministère public, jugement qui statuera sur la demande de la femme. »

Comme ces dispositions étaient beaucoup plus conciliantes et respectueuses envers le mari, il n'y avait aucune raison d'introduire des procédures différentes dans des hypothèses analogues; dans la pratique ces articles sont devenus la loi unique sur la procédure en autorisation; l'article 219 du Code civil se trouve de fait abrogé.

Il est inutile de remarquer que ces formes ne seront suivies que si la femme demande à être habilitée, au refus de son conjoint, et qu'il n'y aura ni sommation ni audition dans la Chambre du conseil si le mari est interdit, absent ou condamné ; alors en effet le tribunal n'a aucun éclaircissement à attendre de celui-ci : la femme présente simplement une requête à laquelle elle joint l'acte ou le jugement constatant l'impuissance physique ou morale de son conjoint. Le président ordonne la communication au ministère public et commet un juge pour faire ɛ 1 rapport au jour indiqué (Art. 863, C. de Proc.)

Si le mari est mineur, il faudra de même négliger les

formes des articles 861 et 862 : toutefois les juges, si bon leur semble, appelleront officieusement le mari ; son refus peut être sage, il n'est pas impossible que sa résistance repose sur de sérieux motifs : en comparaissant et en fournissant ses explications, il éclairera la religion du tribunal.

Dans la Chambre du conseil, les parties se feront autoriser, si cela leur convient, d'un avocat ou d'un avoué ; aucune loi ne le leur défend, et le droit commun le permet. (Cassation, 1846.)

J'ai dit que le mari devait être entendu dans la salle du conseil ; mais le rapport du juge commissaire, les plaidoiries, les conclusions du ministère public, enfin les jugements seront-ils prononcés en audience publique?

Pour soutenir l'affirmative on invoque l'un des principes fondamentaux de notre droit, la publicité des plaidoiries. (Art. 87, Code de procédure.) D'après les articles 112 et 116 du même Code, les conclusions du ministère public et le jugement doivent être prononcés publiquement ; y a-t-il un texte qui apporte une exception au droit commun, qu'on le cite! L'article 861 dit bien que le mari sera entendu en la Chambre du conseil, mais cet article ne renferme rien qui permette d'affirmer que la deuxième phase de la procédure se passera également à huis-clos. (Cassation, 1851, Berriat-Saint-Prix, *Procéd. Civ.* II, p. 666 ; Marcadé, art. 219.)

Cette doctrine est vivement contestée, avec raison à mon avis.

Des articles 861 et suivants il résulte que la procédure doit avoir lieu sans désemparer : c'est dans la Chambre du conseil que le mari sera cité et entendu, telles sont les prescriptions de l'article 861 ; ensuite, immédiatement vient l'article 862 qui veut que le jugement soit rendu sur les conclusions du procureur de la République ; ces actes sont donc liés ensemble et doivent être accomplis successivement, mais sans interruption, par conséquent dans la Chambre du conseil.

Si l'on considère les motifs qui ont dicté la loi, on se convaincra qu'il ne peut en être autrement : la loi a voulu que cette affaire, ce désaccord domestique restât secret, que la publicité ne contribuât pas à aigrir encore le dissentiment des conjoints, enfin qu'une conciliation eût chance de réussir ; eh bien ! si l'on admettait le premier système, les précautions prises par la loi seraient vaines, illusoires : les plaidoiries des avocats, les jugements révéleraient au public ce qu'on a cherché à lui cacher, le scandale serait produit, désormais plus de rapprochement probable entre les époux. Aussi je persiste à soutenir que tout doit se passer dans la Chambre du conseil, depuis l'audition des conjoints jusqu'au jugement inclusivement. (Bordeaux, 1834 ; Carré, *Procéd. Civ.*, III, n° 2923.)

Telle est, j'ajoute, la manière de procéder suivie par le tribunal de la Seine.

L'appel étant de droit commun, le mari ou la femme pourront appeler du jugement qui accorde ou refuse l'autorisation. Quant à la procédure devant la Cour, les raisons précédemment émises me font décider qu'il faudra suivre les mêmes formes qu'en première instance.

(Paris, 1840. *Contra :* Cassation, 1826; Nîmes, 1830;
Fouquet, *Encyclop. du Droit*, n° 84.)

L'autorisation donnée par la justice doit être comme
celle du mari, spéciale; les motifs qui militent en faveur
de la spécialité du consentement marital, militent avec
autant de force pour la spécialité de l'autorisation judiciaire : de plus, elle sera toujours expresse, car il est
évident qu'un tribunal ne peut tacitement rendre ses
jugements.

Les auteurs du *Nouveau Denizart* (*Autorisation* n° 10)
observent avec beaucoup de vérité que le juge est libre
de concéder l'autorisation sous certaines conditions, sous
certaines réserves.

La femme sollicite l'autorisation d'emprunter
10,000 francs à 5 0/0 : le tribunal pourra-t-il lui permettre un emprunt seulement au taux de 4 0/0?

Ou bien elle demande à vendre un immeuble de peu
de rapport et de beaucoup d'entretien : le tribunal pourra-
t-il lui imposer la condition de faire emploi du prix, par
exemple en achetant un autre immeuble?

J'estime ces conditions très-licites. Il est très-raison-
nable que la justice, tout en habilitant la femme, prenne
des précautions conservatrices; le tribunal pouvant refuser absolument son autorisation, a virtuellement la
latitude de l'accorder sous certaines conditions qu'il juge
utiles aux conjoints. Qui peut le plus, peut le moins.
D'ailleurs le mari aurait certainement ce droit d'appréciation et, qu'on me passe le mot, de modification; or la
justice remplace le mari, elle a les mêmes devoirs et les
mêmes droits

J'aborde maintenant, avant de terminer ce chapitre, une grande et difficile question :

L'autorisation de justice doit-elle, comme l'autorisation maritale, être antérieure, ou pour le moins concomitante à l'acte qui la nécessite?

Je construis l'hypothèse : Une femme mariée a vendu en 1870 une maison, et cela à l'insu de son mari. Plus tard elle reconnaît son manque de délicatesse envers l'acquéreur et veut dans l'intérêt de ce dernier valider la vente. Elle s'adresse à son mari, qui refuse son approbation, ou plutôt est incapable, interdit. Alors elle a recours à la justice, qui l'habilite à ratifier. On se demande quel sera le résultat de cette ratification, le mari en subira-t-il les effets en perdant son action en nullité que lui confère l'article 225?

M. Demolombe sur cette grave difficulté propose un système ingénieux, je l'avoue, mais nullement juridique à mon sens.

Je le résume en quelques lignes.

1° La justice accorde l'autorisation lorsque le mari refuse à tort la sienne ou lorsqu'il est incapable. Or la femme demande *à passer un acte* de ratification, pourquoi ne pas appliquer ici la règle générale qui permet aux tribunaux de suppléer le mari ?

2° On viendra objecter : Le mari a une action en nullité qu'il est impossible de lui enlever malgré lui ; cette action est la sanction de sa puissance en même temps que la garantie de ses intérêts pécuniaires, la justice ne peut la lui retirer.

À l'argument tiré des intérêts pécuniaires de l'époux il

faut répondre : Les époux sont-ils séparés de biens, ou la chose aliénée est-elle paraphernale, quel sera l'intérêt pécuniaire du mari?... Supposons qu'il avait par contrat de mariage un droit de jouissance sur les biens aliénés par sa femme en cachette : on sait que les aliénations consenties sur ses biens par la femme même autorisée de la justice, ne sont pas opposables au mari qui conserve ses droits intacts. Ainsi les intérêts pécuniaires du mari seront sauvegardés.

Son autorité maritale sera-t-elle compromise?... D'abord qu'est-ce que cette autorité maritale si ce n'est une délégation de la puissance publique, qui, si le mari en abuse, garde toujours le droit d'en remettre l'exercice à la justice? Dans l'hypothèse qui nous est soumise, le mari se montre odieusement despote ; aussi la justice interviendra munie de ce même pouvoir protecteur qu'avait le mari et qui lui est confié maintenant.

3° Il est vrai qu'il est généralement admis que la ratification postérieure du mari ne prive pas la femme de son action en nullité; mais l'hypothèse n'est pas la même. Le consentement de la femme non autorisée n'est pas suffisant, il y a là un vice dans le contrat, vice qui ne sera couvert que par un consentement nouveau de sa part. Le mari seul ne peut, après coup, guérir ce vice qui affecte le premier consentement de sa femme; c'est elle en effet qui est contractante, c'est donc elle qui doit personnellement consentir à la ratification. Mais lorsqu'elle consent véritablement, pourquoi l'autorisation judiciaire ne remplacerait-elle pas comme d'ordinaire celle du mari?

4° Enfin que résulte-t-il de l'acte fait par la femme, si vous refusez à celle-ci le pouvoir de ratifier? une fâcheuse incertitude, des troubles dans la société à laquelle il importe que le sort des contrats ne reste pas en suspens. La solution proposée mettra un terme à ces inquiétudes et ces dangers (*Du Mariage*, n° 272).

Je répondrai à M. Demolombe que le mari a une action en nullité qui lui est propre, personnelle, et qu'il n'est pas au pouvoir de la femme, même avec le concours de la justice, de lui enlever cette action qui est sa chose, son bien. La ratification, porte l'article 1338, a lieu « *sans préjudice néanmoins du droit des tiers.* » Dans la circonstance le mari est un tiers; la ratification ne devra point lui être préjudiciable.

J'ajoute à cet argument, qui me semble péremptoire, que décider autrement serait encourager la désobéissance de la femme, en lui laissant l'espoir d'obtenir de la justice la confirmation d'un acte qu'elle savait être incapable d'accomplir.

---

## CHAPITRE V.

### DES EFFETS DE L'AUTORISATION.

---

## SECTION PREMIÈRE.

### EFFETS DE L'AUTORISATION A L'ÉGARD DE LA FEMME.

Observons d'abord qu'en ce qui touche la femme l'autorisation judiciaire supplée celle du mari, elle en produit tous les effets, avec la même étendue. Plus tard nous verrons qu'il n'en est pas de même en ce qui concerne le mari; mais pour l'instant il n'y a pas à distinguer : l'autorisation judiciaire et l'autorisation maritale ont semblables effets, ce que je dirai de l'une est applicable à l'autre et réciproquement.

Le principal effet de l'autorisation est de relever la femme de sa déchéance et de la rendre aussi capable que si elle n'était pas mariée. J'en conclus qu'elle ne pourrait attaquer un acte sous prétexte que l'autorisation en vertu de laquelle elle a agi, lui a été donnée contrairement à ses intérêts. Ni le mari ni la justice ne sont garants de l'usage qu'elle a fait de l'autorisation; le mari (ou la justice) l'a habilitée, son rôle est terminé; à la femme d'examiner les clauses, les conséquences de l'acte qu'elle se dispose à conclure. Le mari et la justice ne sont pas assimilables au tuteur que l'article 450 rend responsable d'une mauvaise gestion; le tuteur gère, le mari ou la justice ne fait qu'autoriser.

Ainsi la femme est pleinement capable, dans les limites toutefois de l'autorisation. On voit d'avance les questions qui vont se présenter : quelle étendue faut-il donner à cette autorisation? à quels actes s'appliquera-t-elle si elle est générale? si certains actes sont particulièrement désignés, sera-t-elle susceptible d'extension à d'autres actes presque semblables ou liés étroitement avec ceux qui sont spécifiés?...

Pour résoudre ces difficultés il faut se servir du principe de la spécialité, d'après lequel toute autorisation générale n'a d'effet que quant à l'administration des biens. L'autorisation s'applique uniquement à l'acte désigné et pas à d'autres. Prenons garde cependant d'aller trop loin ! Qui veut la fin veut les moyens, et pour accomplir tel acte il faudra tenir compte de ce que sa nature et les circonstances auront exigé.

Ainsi, je le répète, l'autorisation sera spéciale : pour comprendre la signification et la portée de ce mot, parcourons différentes espèces qui ont donné naissance à quelques difficultés.

La femme qui a permission de plaider ne pourra pas transiger, car transiger c'est le contraire de plaider ; pour la même raison il lui est interdit d'acquiescer, de se désister et même de déférer le serment décisoire, car c'est là une sorte de transaction. *Jusjurandum speciem transactionis continet* (Loi 2, *de Jurej.*)

J'admettrais volontiers qu'elle peut faire un aveu (*Contra* : MM. Aubry et Rau, t. IV), ou accepter le serment que lui défère son adversaire, car ces actes sont des moyens de preuve.

Pourtant, quant au serment, ma décision n'est pas généralement admise et j'ai besoin de l'appuyer. L'autorisation une fois donnée rend la femme capable pour tous les incidents du procès ; or à quoi bon recourir une seconde fois au mari pour obtenir un nouveau consentement ? pourquoi tant d'embarras, de longueurs ? et puis de quel pouvoir étrange n'armez-vous pas le mari ! Quoi ! parce qu'il lui plaira de refuser son approbation, il faudra écarter ces moyens, priver l'adversaire de ces preuves si importantes ! Il s'agit d'ailleurs d'un sentiment tout personnel, de conscience, de devoir, la femme seule en est juge. Le tribunal ne pourrait-il pas d'office lui déférer le serment? eh bien! au lieu du tribunal ce sera l'adversaire; peu importe, pourvu que la preuve soit faite.

La Cour d'Angers (janvier, 1825) a décidé en sens contraire, et M. Demolombe (*loc. cit.*, n° 283) se range à son système comme plus juridique : la femme ne peut déférer le serment, il lui est donc interdit de référer celui qui lui serait déféré ; sa situation est ainsi rendue très-désavantageuse. Remarquons que le serment, l'aveu pourront devenir des moyens de fraude et déguiser des donations véritables, *qui potest non donare, non potest confiteri.*

Malgré la valeur de ces raisons je persiste dans mon opinion.

La femme habilitée à ester en justice, est-elle valablement habilitée à suivre tous les degrés de juridiction et à employer toutes les voies de recours dans le procès qu'elle soutient?

Si elle a été autorisée absolument, dans des termes indéfinis, à continuer le procès jusqu'au bout, à épuiser toutes les voies de recours, il est bien certain que pas besoin n'est d'un nouveau consentement de son mari pour, après la comparution en conciliation, plaider en première instance, puis en appel, et de là former un pourvoi en cassation. De même aussi pas de difficulté lorsque l'autorisation est expressément restreinte à tel ou tel degré de juridiction; elle ne vaudra que dans les limites déterminées.

Supposons que le mari a donné son consentement dans

des termes vagues, généraux, par exemple pour intenter tel procès. Comment interpréter la volonté du mari?

Les auteurs ne sont pas d'accord et la jurisprudence est elle-même très-indécise.

Dans un système on prétend qu'il faut à la femme une autorisation nouvelle pour chaque degré de juridiction. L'appel, et *a fortiori* le pourvoi en cassation ou la requête civile, forment, à certains égards, une instance nouvelle; il sera utile de consulter le mari s'il est à propos de poursuivre l'affaire devant des juges supérieurs; peut-être en réfléchissant, avertis par leur premier insuccès, les époux ne persisteront pas dans l'entêtement fâcheux qui les a amenés devant les tribunaux (Cassation, 1847; Cassation, 1857; Aix, 1862; Duranton, II, n° 459; Zachariæ, Aubry et Rau, IV, p. 139).

Dans un autre système on fait une distinction :

La femme autorisée en première instance est autorisée à se défendre en appel, mais non pas à l'interjeter; même distinction pour le pourvoi en cassation. Si en effet elle a gagné en premier ressort, le procès était bon et le mari est présumé avoir permis à sa femme de défendre en appel la décision qu'elle a obtenue. Cette opinion prend un nouveau point d'appui dans la loi du 18 juillet 1837, articles 49, 51 et 54, qui font une distinction analogue en ce qui concerne les communes : pour interjeter appel il leur faut une seconde autorisation du conseil de préfecture, tandis qu'il n'en est pas besoin pour y défendre (Cassation, 1840; Cassation, 1843; Merlin, *Quest. de Droit, plaider;* de Cormenin, *Droit admin.* II, p. 136).

Un troisième système que j'adopte fait aussi une distinction, mais d'une autre nature. Par l'autorisation la
femme est rendue capable d'user de toutes les voies de
recours ordinaires, même comme demanderesse; habilitée
à ester en jugement, elle est habilitée à défendre ses
droits par tous les moyens, j'entends ceux qui s'emploient
habituellement : l'opposition, l'appel sont des voies ordinaires de recours que le mari a dû prévoir, sa femme
sera donc libre d'en user. S'il avait de la défiance, il
n'avait qu'à limiter expressément son autorisation;
puisqu'il ne l'a point fait, il est présumé avoir laissé à sa
femme carrière ouverte; d'ailleurs il lui sera toujours
loisible de révoquer son autorisation lorsqu'il le jugera
nécessaire.

Quant aux voies extraordinaires, tierce opposition,
requête civile, prise à partie et même pourvoi en cassation, il faut obtenir un nouveau consentement.

L'autorisation accordée à la femme la rend capable
pour tous les actes accessoires et pour toutes les suites
de l'acte principal. Ainsi l'autorisation de demander la
séparation de biens implique celle de poursuivre l'exécution du jugement qui la prononce et d'exercer les reprises;
ainsi la femme à qui le mari a permis de poursuivre un
partage est par cela même habilitée à toucher la part
qui lui revient sur le prix provenant de la licitation;
ainsi encore la femme capable de provoquer une licitation
l'est aussi pour porter une surenchère (Bourges, 1840;
Cassation, 1853; Troplong, *Hyp.* IV, n° 952. — *Contra :*
Cassation, 1824.)

L'autorisation de faire le commerce sera également

très-difficile à expliquer et à limiter, car les textes demandent qu'elle soit très-largement interprétée.

« La femme, si elle est marchande publique, peut, sans l'autorisation de son mari, s'obliger pour ce qui concerne son négoce; et, audit cas, elle oblige son mari, s'il y a communauté entre eux. Elle n'est pas réputée marchande publique si elle ne fait que détailler les marchandises du commerce de son mari; elle n'est réputée telle que lorsqu'elle fait un commerce séparé. » (Art. 5, Code com.)

« Les femmes marchandes publiques peuvent également engager, hypothéquer, et aliéner leurs immeubles. Toutefois leurs biens stipulés dotaux, quand elles sont mariées sous le régime dotal, ne peuvent être hypothéqués ni aliénés que dans les cas déterminés et avec les formes réglées par le Code civil. » (Art. 7, Code com.)

Les besoins du commerce, la célérité des opérations exigeaient que l'autorisation une fois donnée fût suffisante pour tous les actes de commerce : il eût été trop long et presque impossible de recourir au mari pour les actes si multiples que fait la femme dans la gestion de son commerce. « La femme, dit fort bien Pothier, n'a pas toujours son mari à ses côtés, qui puisse l'autoriser pour ces actes, lesquels le plus souvent ne souffrent pas de retardement. »

Le négoce dont il est parlé dans les articles précités c'est celui sur lequel a porté le consentement du mari; c'est pour celui-là seul que la femme pourra aliéner, s'obliger, etc...; il lui est donc interdit d'en établir un autre ou même d'y apporter des agrandissements trop

considérables, sans avoir consulté de nouveau son époux.
Autre chose en effet est de vendre des marchandises en
détail ou de les vendre en gros, de faire un commerce à
l'intérieur ou d'exportation. Ainsi la spécialité de l'autorisation est indispensable pour que la femme entreprenne
un commerce.

Pour tout ce qui concerne le négoce, l'incapacité de la
femme n'existe plus, mais parmi les obligations que la
marchande contractera, il y en a qui ne se rapportent
qu'indirectement à son état et pour lesquelles des
difficultés se sont élevées.

Peut-elle sans autorisation particulière acheter un
immeuble dans l'intérêt de ses affaires commerciales ?

Certes, si elle achète un immeuble, entreprend des
constructions qui ne doivent servir ni à elle ni à ses marchandises, elle aura dépassé ses droits, car ces actes qui
n'ont plus rapport à sa gestion, demeurent soumis au
contrôle de son conjoint. Mais ces acquisitions peuvent
intéresser son commerce, c'est une maison qu'elle achète
pour y établir une usine, des magasins; elle fait exécuter des travaux qui rendront un local propre à l'installa-
tion d'une manufacture, etc..., dans ces cas je la crois
capable. La règle est celle-ci : la femme a-t-elle agi pour
son négoce ? Si oui, son acte est régulier; si non, il n'est
pas valable (*Contra* : Vazeille, II, n° 233.)

Un des besoins les plus fréquents du commerce, c'est
l'association, qui remédie au défaut de crédit, de connais-
sances techniques, permet de trouver des débouchés
nombreux aux marchandises. On se demande si la femme
autorisée à faire le commerce puise dans cette autorisa-

tion la faculté de contracter une société avec un tiers?

Refuser à la femme le droit de passer un contrat de société, c'est la priver d'une ressource importante; son mari l'a jugée capable d'entreprendre des opérations commerciales, pourquoi lui en retirer les moyens? Cette société est formée pour le négoce et par conséquent autorisée d'avance par le mari; personne ne lui contesterait le droit de s'entendre avec un tiers pour acheter ou vendre, de compte à demi, un certain lot de marchandises, et si elle est capable pour cette association en participation, elle doit l'être également pour un ensemble d'opérations (Massé, *Droit comm.* III, n°ˢ 95 et 175.)

Il ne faut pas oublier que nous devons interpréter l'intention probable du mari; or le mari a-t-il considéré la société comme un des éléments nécessaires au commerce? Non, n'est-pas? Il a eu confiance dans sa femme, mais quelles garanties lui offre tel ou tel individu dont la solvabilité, les talents industriels et même la moralité lui sont inconnus?... De la nature du contrat découlent même entre les parties des rapports fréquents, intimes, qui peuvent lui déplaire; enfin, en règle générale, rien n'empêche le mari, lorsqu'il voit les opérations de sa femme tourner à son désavantage, de révoquer son autorisation; mais si elle est entrée dans une association, celui-ci n'aura plus le pouvoir de rompre une convention dont le terme n'est pas arrivé, il sera tenu de respecter les droits des associés. Cette raison seule suffit pour dissiper toute hésitation : le mari devra exprimer formellement sa volonté sur ce point.

*Quid,* si elle cautionne la dette d'un autre commerçant?

Si la dette est civile, évidemment une autorisation spéciale est nécessaire ; mais que décider lorsque la dette est commerciale ?

MM. Merlin (*Autor. mar.*) et Duranton (II, n° 479) distinguent et répondent oui, si le commerçant dont elle a cautionné la dette est son associé, car dans ce cas le cautionnement est donné pour ce qui *concerne le négoce ;* non, dans l'hypothèse contraire.

Cette distinction ne me paraît pas juste : cautionner même la dette d'un tiers avec qui l'on est associé d'intérêts, n'est pas un acte de commerce; car supposons que la femme soit retirée des affaires, elle pourrait cautionner ou ne pas cautionner le tiers; donc ce cautionnement n'est pas une conséquence nécessaire et immédiate de son commerce.

J'ai permis à la femme séparée de biens de transiger et de compromettre quant à l'administration de ses biens; j'accorde, pour les mêmes raisons, la même faculté à la femme marchande publique (*Contra :* Demolombe, n° 160.)

D'après tout ce que je viens de dire, l'acte fait par la femme est valable s'il est relatif au commerce, nul s'il lui est étranger. Les tiers ont donc grand intérêt à connaître si la commercialité des actes de la femme doit être présumée, lorsqu'il y a doute sur leur nature. C'est là une grave question à laquelle tous les auteurs attachent avec raison beaucoup d'importance, car en définitive il s'agit de la validité ou de la nullité de nombreuses opérations accomplies par la marchande publique.

Et d'abord l'acte est-il commercial par lui-même, pas

do contestations. La femme a-t-elle déclaré dans l'acte
qu'il est relati￼ ￼ son commerce, si toutefois il n'y a pas
d'invraise￼ ￼￼nce, les tiers ne sont pas obligés de contrôler la ￼￼ do cette déclaration, car cet examen
serait i￼ ￼ible en présence du secret indispensable
dans ￼ semblables opérations : l'acte sera présumé,
c￼ ￼nent à l'aveu de la femme, concerner son
né￼

je ￼ppose un acte qui n'est commercial ni par sa
natu￼￼ ￼i par sa forme, et qui ne contient aucune déclaration semblable à celle que je viens d'indiquer : de quel côté
est la présomption? en autres termes, est-ce à la femme à
prouver, lorsqu'elle invoque la nullité de cet acte, qu'elle
l'a fait dans un but étranger à son commerce, ou bien
est-ce à l'adversaire à démontrer qu'il s'y rapporte?

Trois systèmes sont en présence.

PREMIER SYSTÈME : La preuve incombe toujours à la
femme.

Les billets souscrits par elle, l'article 638 est formel,
sont rangés parmi les actes commerciaux; quant aux
aliénations et aux obligations notariées, l'intérêt des tiers,
l'intérêt de la femme elle-même qui ne pourrait traiter
avec personne s'il en était autrement, exigent la présomption de commercialité : il est plus simple que la
preuve incombe à celui qui intente l'action en nullité,
c'est la femme qui engage le procès, qu'elle fasse sa
preuve! N'est-il pas très-vraisemblable que, le commerce
étant la principale occupation de la marchande publique,
les actes qu'elle passe ont pour cause sa profession?
(Cassation, 1857; Demolombe, n° 301 et 302; Deman-

geat sur Bravard, I, p. 100 ; Valette, *Explic. somm.* p. 331.)

DEUXIÈME SYSTÈME : La solution dépendra de la nature de l'acte, de la forme suivant laquelle l'engagement a été pris.

L'article 638 du Code de commerce est applicable à la femme en ce qui concerne les billets, car il se réfère aux billets *souscrits par un commerçant;* la femme étant commerçante, ses billets seront présumés souscrits pour les besoins de son commerce; mais il n'en est pas de même des aliénations ou des obligations consenties par-devant notaire, car alors la présomption de l'article 638 fait défaut; bien plus, du silence de cet article sur les aliénations et obligations résulte une présomption contraire, d'autant mieux qu'il n'est pas d'usage de contracter devant notaire des obligations commerciales. Enfin les parties qui font un acte notarié n'ont plus, pour être dispensées d'une autorisation particulière, le motif de la célérité indispensable aux opérations commerciales : rien ne les presse, elles peuvent prendre le temps d'obtenir le consentement marital. (Toullier, XII, n° 249; Duranton, II, 483 ; Marcadé, art. 220.)

Malgré l'autorité des éminents jurisconsultes partisans de ces deux systèmes, je ne saurais adhérer à leurs solutions et je préfère décider que c'est aux tiers à prouver dans tous les cas que l'acte a été fait dans l'intérêt du commerce.

Le droit commun est, on le sait, l'incapacité de la femme : il y est dérogé, et dans une très-large mesure, je l'avoue, pour les actes qu'elle conclut en qualité de marchande publique, mais néanmoins son incapacité est toujours la règle, sa capacité ne constitue *qu'une exception*. Celui qui invoque la règle n'a aucune preuve à fournir, c'est à celui qui se prévaut de l'exception à la prouver; or la femme en demandant la nullité d'un acte s'appuie sur son incapacité, se place dans le droit commun : inutile d'établir sa prétention, sa preuve est écrite dans l'article 217 du Code civil; les tiers qui veulent invoquer l'exception ont donc à démontrer le but commercial de l'acte.

On nous opposera l'article 638 : je ferai remarquer que les présomptions ne doivent pas être étendues d'un cas à un autre par analogie ou même par *a furtiori;* or cette présomption, qui d'ailleurs ne s'applique qu'aux billets, n'a été créée que pour résoudre une question de compétence (Voyez la rubrique du livre IV, tit. II, Code com.) ; il s'agit d'un billet souscrit par un commerçant *capable*, on ne discute en aucune façon la validité de ce qu'il a fait; mais on recherche si l'obligation est civile ou commerciale, pour déterminer devant quelle juridiction le procès sera engagé : c'est à la solution de cette question que sert la présomption de commercialité contenue dans l'article 638. Dans notre espèce nous n'avons pas à nous occuper d'une question de compétence, mais bien de la validité d'une obligation ; par conséquent la présomption de l'article 638 ne peut pas s'appliquer, par conséquent j'avais raison d'avancer que les actes passés par la marchande publique étaient réputés étrangers à son commerce.

Remarquons en terminant que la femme marchande

publique n'est revêtue de cette capacité exceptionnelle qu'autant qu'elle fait du négoce sa profession habituelle. Si elle n'accomplissait que des actes commerciaux par hasard et isolément, il lui faudrait le consentement de son mari pour chacun d'eux.

## SECTION DEUXIÈME.

### EFFETS DE L'AUTORISATION A L'ÉGARD DU MARI.

I. L'autorisation émane de l'époux.

Une vieille maxime de droit se présente tout d'abord à mon esprit : *Qui auctor est non se obligat.* Lorsqu'un individu est appelé à autoriser une personne incapable, il ne contracte personnellement aucune obligation. Aussi, dans notre matière, le consentement du mari n'engendre pour lui aucune obligation personnelle : telle est la règle, mais il y a des exceptions suivant les conventions adoptées dans le contrat de mariage par les conjoints. Parcourons les différents régimes matrimoniaux que reconnaît notre Droit français.

Pour le régime de séparation de biens où la fortune de chaque époux est distincte, tout le monde admet que le mari, ne tirant aucune utilité des actes de sa compagne, n'est pas tenu de leurs conséquences.

Supposons les époux communs en biens.

« Les créanciers peuvent poursuivre le payement des

dettes que la femme a contractées avec le consentement du mari, tant sur tous les biens de la communauté que sur ceux du mari ou de la femme; sauf la récompense due à la communauté ou l'indemnité due au mari. » (Art. 1419.)

Rien de plus juste que cette disposition : il est en effet bien présumable que les obligations ont été consenties dans l'intérêt de deux époux. Cela sera plus sensible encore lorsque les dettes proviendront du commerce de la femme; Delvincourt dit fort bien que dans cette hypothèse « le mari est réellement l'associé en nom collectif de sa femme » (I, p. 76), et dès lors il est naturel qu'il soit responsable, qu'il perde la jouissance des biens dont l'aliénation est nécessaire.

Cette règle étant posée, l'équité et la logique demandent que dans des hypothèses où il appert que le mari ne profite nullement de l'autorisation, on l'affranchisse de toute responsabilité.

Cependant M. Toullier (t. XII, n° 282) enseigne qu'il n'y a aucune exception à sa responsabilité. Même d'après l'article 1413 : « Si la succession purement immobilière est échue à la femme, et que celle-ci l'ait acceptée du consentement de son mari, les créanciers de la succession peuvent poursuivre leur payement sur tous les biens personnels de la femme... » dont le texte est le plus favorable au mari, la femme sera poursuivie sur *tous* ses biens personnels, c'est-à-dire tant sur la nue propriété qu'elle a en propre, que sur la jouissance qui revient au mari; celui-ci en sera donc privé, et c'est l'effet, le résultat de son consentement. Qu'on lise les articles 1409

(2ᵉ alinéa), 1416 et 1419, et l'on se confirmera dans cette opinion.

Vazeille proclame aussi en principe la responsabilité du mari ; il n'y fait exception que dans le quasi-contrat d'acceptation d'une succession immobilière ; alors en effet cet acte n'intéresse que la femme ; les tiers n'ont pas été en rapport avec les deux conjoints et ne pourront prétendre qu'ils ont espéré l'obligation du mari. (*Du Mariage*, II, n° 368).

Une troisième opinion est moins exclusive : il y a présomption que les engagements contractés par la femme commune intéressent les deux époux, mais cette présomption tombera non-seulement dans le cas de l'article 1413, mais encore dans le cas de l'article 1432, lorsque le mari autorisera simplement sa femme soit à aliéner ses biens propres, soit à plaider relativement à ces biens ; car dans ces deux cas l'intervention du mari s'est produite sans aucun intérêt de sa part, les tiers le savent et ne seront pas reçus à alléguer leur bonne foi.

Le mari perdra la jouissance des biens personnels de sa femme et supportera ainsi les effets de l'acte ou du procès qu'il a approuvé, mais c'est qu'il est présumé par son autorisation avoir renoncé à cet avantage, et qu'en tout cas, dans les limites de la jouissance, il est intéressé au contrat ou au procès. (Pothier, *Puissance maritale*, n° 13 ; Demante, *Thémis*, t. VIII, p. 168 ; Valette sur Proudhon, I, p. 472).

Le mari est tenu pour le tout des dettes que sa femme a contractées avec son approbation, car la présomption que la dette a profité à tous deux s'applique à toute la somme ; mais est-il tenu de la même manière? La femme est marchande publique et comme telle contraignable par corps ; *quid* du mari? Cette question présentait de l'intérêt pratique avant la loi de 1867 qui a aboli la contrainte par corps ; désormais elle ne peut plus être envisagée qu'au point de vue théorique. Résolvant la question et contrairement à l'avis des vieux auteurs (Bourjon, *Droit comm. de la France*, II, p. 708 ; Pothier, n° 22), je ne crois pas que le mari ait à redouter la contrainte par corps.

D'après l'article 2063 la contrainte par corps n'était applicable que dans le cas où une disposition *formelle* de la loi la prononçait ; or aucune loi ne prononce contre le mari une telle peine, et M. Tronchet déclarait à cette occasion au Conseil d'État que : « l'acte emportant contrainte par corps n'y soumet que la personne qui l'a signé. » (Fenet, IX, p. 77).

M. Fouquet (*Encyclop. du Droit, Autorisation*) remarque « que les auteurs du Code civil paraissent n'avoir considéré les effets de l'autorisation que relativement aux époux mariés sous le régime de la communauté. » Cette lacune est regrettable quant au régime dotal et au régime exclusif de communauté ; je me suis expliqué déjà au sujet de la séparation de biens : les raisons qui m'engagent à admettre la responsabilité du mari commun me forcent à rejeter celle du mari séparé de biens (V. même section, *in principio*).

Cherchons maintenant une solution pour les époux mariés sous les deux autres régimes.

I. — Soient des époux mariés sous le régime dotal ;

le mari permet à sa femme d'entreprendre le commerce,
d'exercer une industrie quelconque, quels effets produira
son autorisation?

La question ne se pose sous le régime dotal que si la
femme s'est constitué en dot tous ses biens présents
et à venir, car si c'est avec ses paraphernaux qu'elle
gère son commerce, le mari restera incontestablement
étranger aux bénéfices comme aux pertes. Quant à ses
paraphernaux, la femme est comme séparée de biens.

Ainsi elle s'est constitué en dot tous ses biens présents
et à venir ; le mari sera-t-il responsable?

La question est délicate et suppose résolue cette première question : les bénéfices que fait la femme appar-
tiennent-ils au mari?

Oui, répond-on dans un système ; l'industrie n'est
pas une faculté personnelle à la femme, c'est un bien
compris dans la constitution de dot, et par conséquent
dont les fruits échoient au mari. C'est un bien, d'après la
définition romaine : *bona ex eo dicuntur, quod beant...
beare est prodesse* (L. 49, *De Verb. sign.*), et l'industrie de
la femme est très-utile, très-profitable ; elle sert (*prodest*)
au ménage. C'est un bien, d'après les textes : lisez l'article 1498, qui fait tomber même dans la simple communauté d'acquêts les bénéfices résultant de l'industrie de
l'un des époux ; et l'article 1833, qui exige comme apports dans la société un bien quelconque, argent, immeuble ou *industrie*.

Et si l'industrie est un bien, la question subsidiaire se
trouve résolue ; les bénéfices provenant de l'industrie du
commerce de la femme, véritables fruits, appartiendront

entièrement au mari; dès lors il sera tenu envers les créanciers de toutes les obligations contractées. Cette solution est très-équitable, car la femme ne peut aliéner ses biens dotaux même avec l'adhésion de son mari; si ce dernier n'était pas engagé envers les créanciers, ceux-ci n'auraient aucune garantie et il en résulterait que personne ne voudrait traiter avec la femme. (Delvincourt, I, p. 76; Duranton, II, n° 480; Dalloz, *Mariage*, sect. XII, n° 4).

Si j'étais économiste, je pourrais approuver le système précédent; comme jurisconsulte je le repousse énergiquement. Non, l'industrie n'est pas un bien et ses produits ne sont pas des fruits! Qu'elle soit une source des biens, je l'accorde, et voilà tout; l'industrie c'est la personne elle-même, appliquant son activité, son intelligence, ses forces à atteindre un but. Mais la considérer comme un bien dans le sens juridique de cette expression, cela n'est pas soutenable. Dans quelle catégorie la rangerez-vous? sera-t-elle meuble, sera-t-elle immeuble? sera-t-elle susceptible d'hypothèque?...

Puisque nos adversaires nous citent des textes, suivons-les sur ce terrain. Vous invoquez l'article 1833? Mais le législateur entendait que l'industrie n'était pas un bien, car après avoir déclaré que chaque associé apporterait ou de l'argent ou d'autres biens, il ajoute : *ou son industrie.* Donc ce n'est pas un bien, puisque le législateur a cru devoir la mentionner après avoir énuméré les diverses sortes de biens. Vous invoquez encore l'article 1498?... Mais ce qui tombe dans la communauté ce n'est pas l'industrie, ce n'est que les produits de l'industrie : chaque époux est réputé avoir travaillé en commun, et il est juste que leurs gains soient partagés.

Du moment où l'industrie n'est pas un bien, elle n'existe pas dans la dot ; la base du système de nos contradicteurs croule d'elle-même.

D'ailleurs ce système est contraire au texte de la loi : les articles 1426 du Code civil et 5 du Code de commerce déclarent que le mari est obligé *s'il y a communauté ;* donc *a contrario* s'il n'y a point communauté entre les conjoints, s'ils sont mariés sous le régime dotal ou sous le régime exclusif de communauté, le mari ne sera pas obligé.

Enfin à la dernière objection de nos adversaires : la femme ne trouvera personne avec qui traiter ?... je dirai : il est possible qu'elle éprouve des difficultés; la question se posera plus rarement peut-être, mais il est facile de supposer des circonstances où elle se présentera : un tiers, confiant dans l'honnêteté de la femme, connaissant ses aptitudes commerciales, lui prête 100,000 francs pour fonder un établissement, ou bien, sans capitaux, avec les ressources de son intelligence et de ses économies elle entreprend le commerce. Eh bien! dans ces cas qui n'ont rien d'impossible, je soutiens que le mari ne touchera rien des profits de la femme, rien à titre de fruits, car l'industrie, encore une fois n'est pas un bien, et ses produits ne peuvent être considérés comme des fruits ; rien à titre de capital dotal dont il aurait l'usufruit, car l'industrie n'ayant pas été constituée en dot n'a pu donner des bénéfices dotaux ; par suite il ne sera pas tenu des dettes.

Arrivons au régime exclusif de communauté, je rencontre ici les mêmes divergences.

Les auteurs qui attribuent au mari dans le régime dotal tous les produits et toutes les charges de commerce de sa femme sont conséquents avec eux en les lui attribuant sous le régime dont je m'occupe, régime qui donne au mari la ouissance de tous les biens de sa femme.

Sous ce régime le mari sera tenu des engagements commerciaux de sa femme, car il profite de ses bénéfices. En effet d'après l'article 1531 il n'est assujetti à lui restituer à la dissolution du mariage ou à la séparation de biens que ce qu'elle a apporté lors du mariage ou ce qui lui est échu pendant; or il résulte des articles 1498, 1500 et 1503 que les gains provenant de l'industrie commune sont assimilés aux fruits, qu'ils ne sont pas compris dans le mobilier futur; donc ils restent au mari. (Duranton, II, n° 480. Zachariæ, III, p. 559).

J'ai dit plus haut que je refusais au mari l'acquisition irrévocable des bénéfices provenant de l'industrie de sa femme : ce ne sont pas là des fruits. L'article 1498 dont parlent nos adversaires s'applique à la communauté et seulement à elle, mais le régime dont je m'occupe est précisément l'exclusion même de la communauté; les arguments qu'on en tire n'ont aucune valeur.

Cependant je n'irais pas jusqu'à décider, comme je l'ai fait à propos du régime dotal, que le mari n'a aucun droit à exercer sur les produits du commerce. Je lui accorderais les intérêts des sommes acquises par les travaux de sa femme. Le mari en l'autorisant lui a permis d'engager la pleine propriété de ses biens, sur lesquels il a un droit de jouissance : ce droit pourra ainsi se trouver diminué; par compensation et réciprocité, il faut que la jouissance ait des chances d'augmentation.

Mais, objecte-t-on, entre l'exclusion de communauté et le régime dotal avec constitution de tous les biens présents et à venir il n'y a qu'une seule différence, l'inaliénabilité ; sous tous les autres points de vue, et notamment en ce qui est relatif à la jouissance du mari sur les biens, les deux régimes sont régis par les mêmes principes, et puisque vous avez refusé au mari, marié sous le régime dotal, la jouissance de ce que sa femme acquiert par son industrie, pourquoi décider autrement sous le régime exclusif de communauté?

Je réponds qu'il y a de plus entre les deux régimes, cette différence que le régime dotal admet des paraphernaux, et que l'autre, sauf un cas exceptionnel (Art. 1534), ne les admet point. La femme n'apporte pas pour les besoins du ménage ses revenus jusqu'à concurrence du tiers, comme dans la séparation de biens, ou les revenus des biens par elle constitués en dot, comme sous le régime dotal ; elle apporte les fruits de tout ce qu'elle possède et de tout ce qui lui échoit pendant son mariage. Ces fruits, après que les dépenses du ménage auront été soldées, formeront un capital dont le mari prendra l'usufruit. Il n'en est pas de même dans le régime dotal : ce régime comporte des biens paraphernaux, et l'époux n'a un droit d'usufruit que sur les biens constitués en dot ; or il est évident que l'industrie de la femme, son intelligence, son talent, qualités essentiellement personnelles, n'ont pu être constitués en dot.

Puisque le mari prend la jouissance des sommes provenant de l'industrie de la femme, il devra, par une juste corrélation, payer les intérêts des dettes.

II. — Supposons maintenant que la femme a été habilitée par la justice.

Pothier a brièvement résumé les effets de cette autorisation : « La seule différence, enseigne-t-il, entre l'autorisation du mari et celle du juge, c'est que sous le bénéfice de la seconde le créancier ne peut poursuivre la femme que sans faire tort au mari, à moins qu'il n'en ait profité. »

L'opinion du grand jurisconsulte a été suivie par l'article 1426 du Code civil.

Ainsi, en ce qui touche la femme, l'autorisation judiciaire produit tous les effets de l'autorisation maritale avec la même étendue; mais il en est différemment quant au mari : j'ai fait remarquer d'assez nombreuses hypothèses où le mari ayant lui-même autorisé sa femme, se trouvait engagé par ses obligations ; au contraire l'autorisation de justice ne lui est jamais opposable et ne peut lui causer aucun tort. Les créanciers n'ont d'action que sur la nue propriété des biens de la femme, sans pouvoir atteindre la jouissance que le mari détient en vertu des clauses de son contrat de mariage. Ici point de distinction à faire, peu importe le régime sous lequel les époux sont mariés, la règle est que l'autorisation judiciaire ne préjudiciera pas au mari.

Dans deux cas cependant, prévus par l'article 1427, la femme obligera la communauté et par conséquent le mari, avec la seule autorisation de la justice : 1° pour tirer le mari de prison ; 2° pour établir les enfants communs en l'absence du père de famille.

Les effets de l'autorisation de justice se produisent qu'elle soit accordée au refus du mari, ou qu'elle intervienne par suite de son incapacité : l'article 1426 n'établit aucune différence entre ces deux hypothèses.

# CHAPITRE VI.

### DE LA RÉVOCATION DE L'AUTORISATION.

Le mari ayant le droit de surveiller, de contrôler les actes de sa femme, il est naturel qu'après avoir accordé son consentement pour une affaire déterminée, il puisse le retirer lorsqu'il le juge à propos.

Le droit de révocation est toujours entre les mains du mari ; toutefois cette règle comporte un tempérament : il faut que les choses soient entières et que le mari n'abuse pas de son pouvoir pour nuire à sa compagne. Cette remarque trouve surtout son application lorsque la femme a entrepris un commerce ; alors on comprend que brusquement, au milieu d'affaires importantes, peut-être dans un moment de crise financière, le mari ne pourrait pas retirer son consentement et amener la ruine, ou du moins une perte considérable pour sa femme. Devant un tel abus, celle-ci n'aurait qu'à recourir à la justice qui mettrait bon ordre au despotisme marital et laisserait à la demanderesse le temps de conduire à bonne fin les opérations commencées.

Les tribunaux peuvent-ils même l'autoriser à continuer le commerce, malgré la révocation qu'a faite le mari de son consentement?

J'ai admis, contrairement à l'opinion de tous les auteurs, que la justice pouvait toujours autoriser la femme à entreprendre le commerce; j'ai énoncé les raisons qui me semblaient devoir combattre en faveur de mon avis, et sous le bénéfice de ces observations et même *a fortiori* je donne la même solution : oui, la justice autorisera valablement la femme à continuer le commerce que son mari a voulu interrompre.

L'autorisation donnée dans le contrat de mariage semblerait ne pouvoir être révoquée à cause du caractère d'immutabilité attaché aux conventions matrimoniales. Pourtant je ferai une distinction : Lorsque le mari permet à sa femme d'administrer sa fortune personnelle, alors c'est le régime de la séparation de biens qui a été convenu entre les conjoints, et nul ne pourra revenir sur cette convention.

Mais s'il s'agit de toute autre autorisation, le mari aura pouvoir de la révoquer: en effet l'article 1388 interdit aux époux de déroger aux droits dérivant de la puissance maritale dans lesquels est compris le droit d'autorisation. Ainsi même par contrat de mariage, si la femme déjà commerçante, avait stipulé qu'elle continuerait son commerce, rien n'empêcherait le mari de lui retirer son consentement, sauf bien entendu le recours à la justice s'il y avait dol ou inopportunité.

Lorsque l'autorisation aura été obtenue de la justice, le mari pourra-t-il la révoquer? .

Il paraît impossible de donner à un individu une semblable faculté : le mari ne peut, selon son caprice, annuler le jugement du tribunal, et si d'ailleurs il en était ainsi, l'autorisation judiciaire ne serait qu'une plaisanterie, puisqu'il serait si aisé au mari de la détruire à son gré.

Cependant il y a de graves raisons qui réclament l'intervention du mari. Des événements imprévus surviennent, ou bien la femme se jette dans des trafics hasardeux, elle subit des pertes, elle est à la veille d'une faillite, et le mari n'aurait pas le droit de réclamer ! son intérêt pécuniaire et moral ne serait pas engagé !... Je crois donc qu'il pourra non pas révoquer lui-même l'autorisation de la justice, mais s'adresser au tribunal pour le faire revenir sur son jugement en usant des formes organisées par le Code de procédure pour obtenir l'autorisation (art. 861 et s.) Cette procédure satisfera les objections qui précèdent.

Il est superflu d'observer que la révocation de l'autorisation n'aura d'effet que pour l'avenir, elle ne rétroagit point au préjudice des tiers qui ont contracté avec la femme : tous les actes qu'elle a passés jusqu'au jour de la révocation seront maintenus.

La révocation produira son effet dans l'avenir; encore faut-il que les tiers l'aient connue. Il incombe au mari le devoir de porter à la connaissance du public la nouvelle situation faite à la femme. La loi est muette sur les moyens à employer, mais je conseillerais volontiers d'appliquer par analogie les articles 1445, 1451 du Code civil et 872 du Code de procédure, qui prescrivent l'affichage et l'insertion dans les journaux.

———

## CHAPITRE VII.

### DES EFFETS DU DÉFAUT D'AUTORISATION.

J'ai examiné jusqu'à présent les effets des actes que la femme peut passer elle seule et les effets de ceux pour lesquels l'autorisation maritale ou judiciaire est indispensable; il me reste à envisager les caractères, les résultats des contrats qu'elle a consentis au mépris des dispositions de la loi.

La sanction de toutes les règles que j'ai exposées sur l'incapacité de la femme consiste dans la nullité des actes accomplis sans les formalités prescrites.

Je m'expliquerai plus loin sur le caractère de cette nullité, mais d'abord je rechercherai si elle est toujours proposable. On rencontre de nombreuses hypothèses où la question est douteuse; jetons un coup d'œil sur quelques-unes.

La femme s'est présentée aux tiers avec qui elle a contracté, comme fille ou veuve, et n'ayant ainsi nul besoin d'autorisation?

Le conjoint n'en sera pas moins libre d'invoquer la nullité; c'était aux contractrants à s'assurer de la capacité de la personne avec qui ils traitaient. D'après l'esprit du Code civil (art. 1307) la simple déclaration de capacité faite par un incapable ne suffit pas pour effacer la nullité de ses actes ; s'il en était différemment, toutes les incapacités établies par la loi deviendraient illusoires (*Contra :* Marcadé, art. 222.)

Mais la femme a usé de manœuvres frauduleuses, elle a, par exemple, présenté un faux acte d'autorisation ou un faux acte mortuaire de son conjoint ?

Dans ce cas la femme aura commis un délit ou un quasi-délit, et elle sera obligée par cette cause. Et je ne pense pas qu'alors elle puisse invoquer la nullité des actes qu'elle a conclus ; son dol la rend non recevable, et puis la meilleure réparation de ce dol c'est le maintien de l'obligation.

Je mentionne l'opinion de MM. Aubry et Rau, d'après laquelle la nullité sera proposable, à la charge pour la femme de répondre du dommage qu'elle a causé par son délit (t. IV, p. 147). Les raisons que j'ai données précédemment me font persister dans ce que j'ai dit.

Le mariage a été tenu secret, *quid juris ?*

Les articles 165, 191 et 193 du Code civil ne permettent d'annuler le mariage pour défaut de publicité, remarquez les termes, que lorsqu'il n'a pas été *célébré* et *contracté* publiquement. Si ces conditions ont été remplies, le mariage est valable, et, même tenu secret, produit tous ses effets civils. En définitive les tiers ont été négligents : ils n'avaient qu'à se renseigner, puisque le mariage a eu lieu publiquement ; je décide donc que les deux époux pourront proposer la nullité, sauf pour les tiers la ressource de l'article 1382.

Supposons maintenant le mari absent ; la femme par

exemple, a vendu une maison sans y être autorisée, sera·t-elle recevable à demander la nullité de la vente.? Oui, dira·t-on, cette nullité résulte de l'incapacité de la femme, la règle qui exige l'autorisation n'existerait point si celle qui a contracté, étant incapable, était cependant irrévocablement engagée (Caen, 1826.)

J'hésite à me prononcer si absolument : est-il bien certain que le mariage subsiste encore, et qu'ainsi la femme, en vendant son immeuble, avait besoin d'autorisation ? Mais c'est précisément sur quoi règne un doute profond : le mari est-il mort, est-il vivant, tout le monde l'ignore. La femme, en demandant la nullité de son contrat, prétend que son union n'était pas dissoute et que son conjoint vivait encore au moment où la vente a été conclue : alors qu'elle prouve son dire. Si effectivement l'absence se prolonge, si le conjoint ne reparaît jamais, sa mort sera présumée avoir eu lieu au jour de ses dernières nouvelles, qui sont peut-être de beaucoup antérieures au jour de la passation du contrat. Et si le mari est mort avant la vente, la femme était libre ; elle est donc mal fondée à demander la nullité du contrat (Cassation, 1826; Demante, I, n° 177 bis.)

La femme passait pour veuve ou pour fille ?

Cette hypothèse n'est pas impossible : une femme peut habiter Rouen pendant de longues années tandis que son mari habite Bordeaux, et dans Rouen elle passe pour fille ; ou bien on la croit veuve sur la foi d'un rapport qui a faussement accrédité la nouvelle de la mort de son époux ; cette erreur règne dans le pays habité par la femme, c'est l'erreur commune.

« Ici, enseignent MM. Aubry et Rau (sur Zachariæ, III,
p. 347 ), on ne peut invoquer la maxime *error communis
facit jus*, parce qu'il ne s'agit pas, comme au cas où
le mariage était tenu secret, d'une erreur invincible. »

Je n'ose donner là-dessus de solution précise ; je crois
que les magistrats devront s'inspirer des circonstances
et résoudre la question en fait. Si l'erreur a été unanime,
à tel point accréditée que les tiers soient vraiment excu-
sables de s'être laissé tromper, je leur accorderais le
droit de l'invoquer. Tel était le principe de la loi *Barba-
rius Philippus* (8, *De Off. præt.*) et je crois qu'en vue de
l'utilité générale et de l'ordre public, ce même principe est applicable à notre espèce. J'ajoute que la femme
pourra être rendue responsable envers les tiers du dommage qu'elle leur aura causé (art. 1382.) Mais si l'erreur
était grossière, s'il était facile aux tiers de s'assurer de
l'état de la femme, alors qu'ils subissent la peine de leur
négligence et de leur peu de perspicacité.

## SECTION PREMIÈRE.

PAR QUI LA NULLITÉ PEUT ÊTRE INVOQUÉE.

Dans ma Thèse sur le Droit coutumier j'ai démontré la
fausseté de l'opinion si répandue qui soutient que la
relativité de la nullité datait seulement de la rédaction
de notre Code, et qu'auparavant la nullité était absolue.

Ainsi les rédacteurs du Code, en décidant que les tiers

ne sont point fondés à invoquer la nullité, n'ont en rien innové aux dispisitions du Droit coutumier : comme autrefois, certaines personnes peuvent seules opposer le défaut d'autorisation,

« La nullité fondée sur le défaut d'autorisation ne peut être opposée que par la femme, par le mari, ou par leurs héritiers. » (Art. 225.)

1° *Par la femme.* — Celle-ci, le jour où elle a contracté, a vu naître entre ses mains un nouveau droit, celui de faire annuler le contrat. Les auteurs qui donnent pour base à l'incapacité de la femme la faiblesse et l'ignorance de son sexe, *propter infirmitatem et imbecillitatem sexus*, appuient leur opinion sur le texte de cet article. Ce droit se comprend très-bien encore dans le système, que j'admets, de ceux qui soutiennent que cette incapacité est établie au profit des intérêts du ménage, car ces intérêts concernent certainement la femme. Mais je demanderai aux jurisconsultes qui fondent uniquement cette incapacité sur le pouvoir marital, comment ils peuvent concilier leur opinion avec l'article 225?

2° *Par le mari.* — Son intérêt est puissamment engagé, intérêt moral, car son autorité a été méprisée, et intérêt pécuniaire, car la femme, même séparée de biens, ne doit pas avoir la liberté de compromettre sa fortune qui est peut-être l'unique ressource du ménage.

3° *Par leurs héritiers.* — Point de difficultés quant aux héritiers de la femme : celle-ci est investie de l'action en nullité qui la protégera dans ses droits pécuniaires, or ces droits et cette action sont héréditaires. Mais les héritiers du mari?... L'intérêt étant le principe des actions, on ne

voit pas quel intérêt ont les héritiers du mari à faire
annuler le contrat passé par la femme. Agiront-ils dans
l'intérêt de la puissance maritale ?.... Mais il n'y a plus
de puissance maritale, puisque le mari est mort. Serait-il
même présent, la dissolution du mariage par la mort de sa
femme lui enlèverait la faculté d'intenter cette action. Je
suppose en effet que la femme prédécédée ait vendu sans
autorisation une ferme qui lui appartenait personnellement ; sa succession échoit à son frère, le mari ne pourra
pas demander la nullité de la vente, car c'est à l'héritier,
au frère dans l'espèce, qu'appartient l'action, et du moment où le mari est réduit au silence, ses héritiers ne
peuvent agir. Agiront-ils dans un intérêt pécuniaire?....
Mais j'ai démontré que les actes accomplis par une femme
incapable ne portent aucune atteinte aux droits pécuniaires de son mari.

Comment donc interpréter la loi?

On s'accorde à reconnaître que c'est par erreur que la
loi s'est servie de cette expression: *et leurs héritiers*, et
qu'il faut la remplacer par celle-ci : *et par ses héritiers*,
qui ne s'appliquerait qu'aux héritiers de la femme.

Marcadé (art. 225) a pourtant cité le cas où une
femme commune aurait renoncé sans autorisation à
une succession mobilière (qui, comme on le sait,
devait tomber dans la communauté); sa renonciation
a privé la communauté d'une université de meubles
qui, à la dissolution du mariage, aurait été l'objet
d'un partage entre les conjoints, les héritiers du prédécédé ont donc intérêt à l'annulation de la renonciation.

Quoi qu'il en soit, le texte de la loi est formel, et si les espèces dans lesquelles il trouvera son application sont rares, elles ne sont pas absolument impossibles ; Marcadé l'a prouvé en formulant celle que je viens de citer. Ainsi les héritiers exerceront l'action en nullité lorsqu'ils y auront un intérêt pécuniaire.

La loi s'est expliquée quant au mari, à la femme et aux héritiers. Mais d'autres personnes peuvent encore avoir intérêt à opposer la nullité, par exemple, les créanciers du mari ou de la femme, la caution. Quels sont les droits de ces individus ?

1. *Créanciers de la femme.* — L'action en nullité étant dans le patrimoine de la femme et tous les biens d'un dé-biteur étant le gage de ses créanciers, il s'ensuit que les créanciers de la femme exercent valablement son action.

Le silence de l'article 225 pourrait faire douter que cette faculté leur est accordée, surtout si l'on se rappelle les termes de l'article 1166 qui ne permet pas aux créanciers l'exercice des actions *exclusivement* attachées à la personne (Grenoble, 1827 ; Toullier, VII, n° 766).

Mais dans ce droit que j'examine il n'y a rien qui ressemble à une faculté personnelle : l'intérêt de la femme est pécuniaire et par conséquent transmissible aux créanciers dont le gage consiste dans tous les biens de la femme. Il est possible qu'il y ait pour celle-ci une question de conscience, mais c'en est une aussi d'invoquer la prescription, et les créanciers peuvent l'invoquer malgré la renonciation de leur débiteur. (art. 2225)

2. *Créanciers du mari.* — A ceux-ci je refuserai l'action,

car le fondement de l'action en nullité accordée au mari
est un intérêt moral, c'est le respect de la puissance maritale, et le mari seul est bon appréciateur de l'utilité de
l'action; il y a là un droit personnel dont les créanciers
ne peuvent s'emparer. (*Contra*, M. Demolombe, n° 342).

3° *La caution.* — Une obligation annulable peut être
valablement cautionnée et telle est l'obligation de la femme:
la caution est engagée par son propre contrat, d'autant
mieux qu'elle a été probablement exigée comme garantie
contre l'annulation prévue de l'obligation principale. Du
reste l'article 2012 est positif : « Le cautionnement ne peut
exister que sur une obligation valable. On peut néanmoins cautionner une obligation, encore qu'elle pût être
annulée par une exception purement personnelle à l'obligé,
*par exemple* dans le cas de minorité. » Remarquez ce *par
exemple*, il y a donc d'autres cas auxquels s'applique la
règle; or la position d'une femme mariée est fréquemment
assimilée par la loi elle-même (art. 1125, 1304 et 1338)
à celle d'un mineur. (Cassation, 1834 ; Troplong, *Du cautionnement*).

MM. Sebire et Carteret (*Encycl. du Droit, Cautionnement*) apportent à cette solution un tempérament très-
équitable à mon avis : d'après eux, la caution serait
engagée. mais qu'autant qu'elle aurait été avertie de
l'incapacité de la principale obligée. (*Contra* : M. Demolombe, n° 343.)

En face de la femme et du mari qui ont une action en
nullité, je rencontre le tiers contractant qui se trouve à
leur merci. Le contrat passé avec la femme subsistera-t-il
ou sera-t-il anéanti? il l'ignore : sa situation est fausse et

pénible, mais c'est le châtiment de sa témérité, car il avait la faculté de s'assurer de la capacité de celle avec qui il traitait.

Toutefois je permettrai volontiers au tiers qui, dans l'ignorance de l'incapacité de la femme, a contracté avec elle, de refuser l'exécution du contrat à raison des risques qu'il courrait. « Je ne demande pas, dira t-il, la nullité de l'acte; si vous voulez l'anéantir, je ne m'y oppose pas; si vous préférez son maintien, je suis tout disposé à remplir mes engagements, mais vous de votre côté ne cherchez pas à me tromper. Obtenez une autorisation de votre mari ou de la justice, sans quoi l'exécution du contrat sera désastreuse pour moi!... » Une telle prétention n'a rien d'exorbitant, elle n'est en contradiction avec aucun texte de loi, pourquoi la rejeter?...

N'est-il pas possible d'aller plus loin? Le tiers, après avoir exécuté son engagement, aura-t-il la faculté, pour sortir d'incertitude, de prendre les devants et de sommer les époux de choisir entre la nullité et la validité de l'acte?

M. Demolombe professe sur ce point une doctrine très-ingénieuse.

Il distingue deux hypothèses.

I. — L'action est intentée après la dissolution du mariage contre la femme devenue libre ou contre ses représentants.

Dans l'ancien droit, si la femme avait annoncé son intention de demander la nullité de son contrat, s'il y avait eu de sa part jactance, provocation, menaces, les vieux auteurs permettaient à l'adversaire de forcer celle-ci à opter, *sous peine de se voir imposer un perpétuel silence* (Julien, *Élém. de Jurisp.*, liv. IV, tit. 1). Cette doctrine était trop sage, trop équitable, pour n'être pas conservée par notre droit moderne, et elle a été consacrée par un arrêt de la cour de Caen (août, 1834).

Les art. 225 et 1125 ne permettent pas aux tiers d'invoquer l'incapacité de la femme, rien n'est plus vrai; mais dans l'espèce, le tiers ne propose pas la nullité de l'acte, il avoue qu'il est tenu, qu'il est à la discrétion de la femme; seulement il lui demande de se prononcer et de prendre un parti.

Aux termes de l'art. 1135, « les conventions obligent à ce qui y est exprimé et encore à toutes les suites que l'équité, l'usage ou la loi donnent à l'obligation d'après sa nature. » Le tiers s'adressera à la femme : l'obligation de vous prononcer est une suite équitable de notre convention, et la loi n'a pas entendu vous conférer le pouvoir de me tenir en suspens pendant dix années, il est impossible que pendant un si long période, cette épée de Damoclès demeure suspendue sur ma tête !...

II. — L'action est intentée durant le mariage contre la femme et le mari mis en cause.

Le système proposé est plus hardi encore dans cette hypothèse, car la femme est incapable de ratifier sans autorisation, et le mari viendra répondre qu'il est étranger à tous les actes accomplis par sa femme. Cependant les motifs d'intérêt général et de justice sont ici les mêmes. (t. II, n° 346, *Mariage*.)

La doctrine de M. Demolombe est conçue dans un but

d'équité, je le reconnais, mais elle n'est nullement juridique.

Le tiers veut une option, c'est-à-dire la nullité ou la validité de son contrat.

La nullité?... Mais les art. 225 et 1125 lui interdisent formellement la faculté de l'invoquer.

La validité?... Mais il l'a déjà.

Le legislateur a limité les événements qui effacent les vices de l'acte : 1° la prescription de dix ans; 2° une ratification expresse; 3° l'exécution volontaire. En dehors de ces cas, la position du tiers ne saurait être modifiée; l'inaction de la femme est son droit, qu'on ne peut lui enlever pour sauvegarder d'autres intérêts.

La règle consacrée par l'art. 225 est générale : dans aucun cas les tiers ne pourront intenter l'action en nullité qui résulte du défaut d'autorisation de la femme.

Toutefois, en ce qui concerne les donations, les auteurs ne sont pas d'accord.

Une femme mariée a accepté sans autorisation une donation qui lui était faite; la nullité est-elle relative, ou bien est-elle absolue, proposable même par le donateur?

Dans un système on soutient que la nullité de la donation est absolue.

Cet avis était presque unanimement adopté dans l'ancien droit; il fut consacré par l'ordonnance de 1731, art. 9, et il est reproduit dans le rapport de M. Joubert au tribunat : « L'acceptation qui ne lierait pas le donataire ne saurait engager le donateur. » La donation entre-vifs est un acte solennel qui exige l'accomplissement exact de toutes les formes prescrites par la loi; l'accep-

tation est une de ces formes (la femme mariée *ne pourra
accepter...* (art. 934), et puisque l'acceptation est viciée
en ce qu'elle manque de l'autorisation nécessaire, la donation est nulle elle-même comme n'étant pas dûment
acceptée. Nulle en la forme, elle est absolument nulle et
doit être refaite conformément à la loi. Que l'on com-
pare l'art. 1339 à l'art. 1338, et l'on verra que ce qui
est nullité relative partout ailleurs est au contraire nullité absolue en matière de donation ; le contrat de donation n'ayant pu se former, le donateur sera recevable à
intenter une action en revendication des objets donnés.
(Caen, 1854; Cassation, 1856; Proud'hon, I p. 475;
Troplong, *Donat.*, n° 1118).

Essayons de détruire cette argumentation. Je ne nie
pas que l'acceptation ne soit de l'essence de la donation
qui, sans cette forme n'est pas valable. Mais cette forme
a été remplie, car la femme a accepté. Elle n'était pas capable!... oui, mais c'est une autre question, une question
de capacité tout à fait en dehors de ce qui nous occupe.

L'acte notarié avec minute, l'acceptation en termes
exprès, etc., voilà les formes, et elles ont été remplies.
On objectera que la section III du Code renfermant l'article 934 qui exige l'autorisation de la femme, est inti-
tulée : *De la forme des donations entre vifs*, et qu'ainsi
l'autorisation maritale ou judiciaire est une des formes
prescrites. Mais ce qui prouve bien qu'il ne faut attacher
à cette rubrique aucune attention sérieuse, c'est que la
même section renferme d'autres matières telles que la
détermination des biens susceptibles d'être donnés
(art. 943), les conditions auxquelles la donation peut être

snbordonnée (art. 944), la stipulation du droit de retour (art. 951 et 952). Ira-t-on jusqu'à prétendre que ce sont là des dispositions de forme, et si ce n'est pas cela l'argument tiré de l'article 1339 disparaît.

En cette matière nous avons une règle générale, celle de l'art. 225, qui énumère limitativement les personnes par qui la nullité sera opposable; aucun texte n'y faisant exception en ce qui concerne la donation entre vifs, le droit commun, c'est-à-dire l'art. 225, devra recevoir application.

Le donateur ne pourra donc se prévaloir de l'imperfection de la donation qu'il a consentie. Cette donation est imparfaite à l'égard seulement de la femme; à l'égard du donateur, elle est très-valable. (Nancy, 1839 ; Alger, 1854; Valette sur Proudhon, II, p. 479).

Je crois que la nullité n'est pas opposable par les tiers dans les cas mêmes où ils n'ont pas personnellement contracté ou plaidé avec la femme.

Ainsi les tiers détenteurs d'un immeuble hypothéqué par la femme incapable, seraient mal fondés à proposer la nullité de l'hypothèque; en effet, l'art. 225 les exclut en ne les nommant pas; et puis l'incapacité de la femme n'ayant pas été introduite dans l'intérêt des tiers, ceux-ci n'ont pas droit de l'invoquer.

Si la femme non autorisée assigne un tiers, le tiers assigné pourra-t-il se prévaloir de la nullité de l'assignation ?

M. Delvincourt avait admis l'affirmative (t. I, p. 75), mais aujourd'hui la jurisprudence se prononce en sens contraire.

L'art. 225 ne comprend pas le tiers parmi les personnes qui ont la faculté d'invoquer la nullité, l'assignation sera donc valable, quand même l'autorisation ne serait accordée qu'après l'expiration des délais dans lesquels les assignations devaient être lancées. (Cassation, 1846; Cassation, 1849.)

Si le tiers est prudent, comme il est possible que la femme ne soit pas plus tard habilitée, il fera bien de ne pas accepter la lutte dans une position aussi désavantageuse ; il aura le choix entre deux partis : Veut-il que la question soit résolue promptement, il mettra le mari en cause et le débat suivra son cours ; s'il le préfère, il proposera une exception dilatoire par laquelle il soutiendra la non-recevabilité de la demanderesse jusqu'au jour où elle aura obtenu l'autorisation nécessaire.

Dans la pratique, les tiers assignent toujours, en même temps que la femme, le mari à l'effet de l'autoriser.

## SECTION DEUXIÈME.

COMMENT ET DANS QUEL DÉLAI LA NULLITÉ EST OPPOSABLE. —<br>RATIFICATION.

Mon intention est d'effleurer seulement l'explication des art. 1304 et 1338; cette matière est très-vaste et elle seule ferait l'objet d'une thèse : je n'en dirai que ce qui est indispensable au complément de mon sujet.

1. Obligations conventionnelles.

« Dans tous les cas où l'action en nullité ou en révision d'une convention n'est pas limitée à un moindre temps par une loi particulière, cette action dure dix ans. Ce temps ne court, pour les actes passés par les femmes mariées non autorisées, que du jour de la dissolution du mariage. » (Art. 1304.)

L'action se prescrit par dix années, et le délai ne court que du jour de la dissolution du mariage. L'idée fondamentale de cet article est de ne faire commencer le délai que du jour où la partie dans l'intérêt de laquelle le contrat est annulable, s'est trouvée libre d'en opposer la nullité, *contrà non valentem agere, non currit præscriptio.* Or la femme n'a été réellement libre qu'à la dissolution de son mariage : elle a commis une faute en contractant à l'insu de son mari, elle essayera de la dissimuler et se gardera bien d'agir ; si la prescription n'était pas suspendue, ses intérêts seraient sacrifiés.

Pour la femme le délai ne court que de la dissolution du mariage ; mais que décider si c'est le mari ou ses héritiers qui veulent intenter l'action ? Toullier pense que les termes de l'art. 1304 étant formels, il n'y a pas lieu de distinguer : dans les deux hypothèses le délai commencera à partir de la dissolution du mariage. Je blâme ce système : notre article, je le répète, est fondé sur cette maxime *contrà non valentem,* mais dès que la personne est libre d'agir, la prescription ne sera plus suspendue. Le mari n'est pas, comme la femme, retenu par la crainte de mécontenter son conjoint ; le mari est libre, et la cause de l'exception introduite en faveur de la femme n'existe pas pour lui. Le délai doit donc courir contre lui du jour du contrat conclu par sa femme, ou, s'il établit qu'il ne l'a connu que postérieurement, du jour où il en a eu connaissance.

2° Décisions judiciaires.

La loi ne s'est pas expliquée sur les décisions judiciaires rendues contre la femme non autorisée.

Je crois qu'il faut faire tomber le jugement par les voies ordinaires de recours, par une opposition s'il a été rendu par défaut, au moyen d'un appel s'il a été prononcé en première instance, enfin par le pourvoi en cassation s'il est en dernier ressort ou passé en force de chose jugée. Le défaut d'autorisation forme en effet un moyen d'ordre public que l'on peut proposer jusque devant la Cour de cassation, quand même il aurait été omis devant les tribunaux inférieurs.(Cassat. 1854; Cassat. 1866; Cassat. 1867.)

La requête civile appartient-elle à la femme? Oui, répond M. Demolombe (n° 355). L'art. 480 2° du Code de procédure permet d'user de ce moyen *si les formes prescrites à peine de nullité ont été violées.....* et ses termes sont généraux.

Je n'accepte pas cette solution : je ferai remarquer à son auteur que nous ne sommes pas ici dans les termes de l'art. 480, qui visent les questions de forme ; or l'autorisation est une condition de capacité.

Le mari a une voie de recours particulière, la tierce-opposition, par laquelle il attaquera les jugements qui lèsent ses intérêts et auxquels il n'a pas été appelé.

La nullité de l'acte accompli par la femme peut se

couvrir de deux manières. 1° Par la ratification expresse, 2° par la ratification tacite (art. 1338.)

1° Ratification expresse.

La ratification est expresse lorsqu'elle résulte d'une déclaration écrite ou verbale.

Pendant le mariage elle peut émaner de la femme ou du mari.

Si c'est de la femme, il est évidemment nécessaire qu'elle ait été autorisée, car le même vice qui annulait le contrat primitif invaliderait la ratification. Le mari a-t-il lui-même habilité sa femme, alors la ratification est l'œuvre des deux conjoints, l'acte est désormais valable *erga omnes;* la femme a-t-elle eu recours à la justice, la ratification régulière quant à elle n'est pas opposable à son conjoint.

Si c'est le mari qui ratifie, la nullité sera couverte quant à lui, mais subsistera néanmoins dans l'intérêt de la femme. (Voir *supra*, ch. III, sect. IV, les difficultés qu'a soulevées cette question et les motifs qui m'ont déterminé à donner cette solution.)

Après la dissolution du mariage, la femme ou ses héritiers pourront ratifier, ainsi que le mari ou ses héritiers s'ils ont le droit d'opposer la nullité.

2. Ratification tacite.

Elle provient soit de l'exécution volontaire, soit du silence qu'a gardé pendant dix ans celle des parties qui pouvait demander la nullité de l'acte.

Tacite ou expresse, la ratification fait considérer le contrat comme ayant été valable *ab initio*. Mais, ainsi que le remarque l'article 1338, cette rétroactivité de la ratification ne doit point préjudicier aux droits des tiers. J'entends par *tiers* ceux auxquels l'action en nullité a été cédée expressément ou tacitement.

# TROISIEME PARTIE

---

# LÉGISLATIONS MODERNES

---

Une étude détaillée et méthodique des diverses législations de l'Europe offrirait le plus vif intérêt, mais m'entraînerait trop loin ; je veux simplement donner un bref
aperçu de la condition de la femme au point de vue civil
dans les principaux États européens.

### ITALIE.

En 1865 le Code civil italien a été promulgué pour
devenir exécutoire à partir du 1er janvier 1866. Il est
donc tout récent.

La femme est sous la puissance de son mari ; elle ne
peut donner, aliéner, hypothéquer, etc... sans l'autorisation de son mari. (art. 134).

Ainsi l'autorisation existe, mais restreinte dans des

limites plus étroites qu'en France : Le mari en effet peut donner à sa femme une autorisation générale qui vaudra pour les actes d'administration et pour les actes d'aliénation.

Le consentement du mari n'est pas requis : 1° lorsqu'il est mineur, interdit, absent, ou condamné à plus d'une année de prison ; 2° quand il y a eu séparation de corps motivée par le fait du mari ; 3° quand elle est commerçante.

La puissance paternelle est organisée, à peu de chose près, d'après les principes du Code civil français : elle est exercée par le père, et, en cas d'impossibilité, par la mère.

Le mariage ne se dissout que par le décès de l'un des époux ; le divorce a été rejeté.

La loi italienne a voulu assurer une existence honorable à l'époux survivant. Lorsque l'époux défunt laisse des enfants légitimes, l'autre époux a sur son hérédité l'usufruit d'une portion héréditaire égale à celle de chaque enfant, l'époux lui-même étant ainsi compté dans le nombre des enfants.

S'il n'y a pas d'enfants légitimes, mais des ascendants ou des enfants naturels, ou des frères et sœurs ou descendants d'eux, le tiers de l'hérédité est dévolu en toute propriété au conjoint survivant.

### ALLEMAGNE.

Jusqu'au siècle dernier la tutelle des femmes, peu dissemblable de celle que j'ai montrée existant à Rome, était encore en vigueur. Aujourd'hui la plupart des États qui composent l'Allemagne l'ont abolie, et dans ceux qui l'ont conservée elle n'est plus qu'une simple formalité. La femme ne reconnaît d'autre pouvoir que celui de son mari qui a beaucoup d'analogie avec la puissance maritale de notre Code.

De même le sénatus-consulte Velléien, qui est resté longtemps une des bases de la législation allemande, a été aboli par plusieurs États et considérablement transformé par les autres. Ainsi le Code prussien de 1794 dispose qu'il suffit de mettre la femme en garde par une notification contre les suites de son engagement.

« Tout individu, porte le Code autrichien, qui a la libre administration de sa fortune peut se rendre caution. » (Art. 1349.)

L'article 90 du même Code proclame un grand principe qui, je le crains, n'est guère appliqué en pratique : l'égalité des époux.

Enfin, d'après l'article 1220, la fille a la faculté de demander une dot à ses ascendants quand elle n'a pas de fortune ; c'est le tribunal qui sera juge de la quotité. Le législateur n'a pas voulu, et je ne saurais trop l'en applaudir, que l'avenir et la position d'une jeune fille fussent brisés par la sordide avarice de parents sans entrailles qui, sous mille prétextes, reculent sans cesse le moment fatal où il leur faudra doter leur enfant. Qu'un fils n'ait pas d'action en constitution de dot, je le comprends à la rigueur : un homme est toujours plus apte à gagner sa vie, à s'assurer une position indépendante. Mais la femme a besoin d'aide, de secours pécuniaires, surtout de nos jours où les *vir-*

gines *indotatæ* de Pluto seraient très peu recherchées.
Le père qui est tenu de fournir à sa fille des aliments devrait être également tenu de l'établir.

ANGLETERRE.

A Rome la femme qui passait sous la *manus* de son mari
perdait sa personnalité civile; il en est de même pour la
femme anglaise. « *Vir et uxor sunt quasi unica persona,
quasi caro una et sanguis unus.* » (*Bracton*, liv. V, ch. xxv.)

Les contrats ne sont point permis entre les époux. Le
mari prend toute la fortune de sa femme : il peut disposer
du mobilier; mais quant aux immeubles, il doit les conserver pour les restituer à la dissolution du mariage.
Même en obtenant le consentement de sa femme, il ne
peut aliéner les immeubles, car dans cette hypothèse on
supposerait qu'elle a cédé aux suggestions de son époux
et qu'elle n'a pas librement donné son consentement : il
y a une présomption d'incapacité contre laquelle aucune
preuve n'est admise.

Il est superflu d'observer que l'autorisation maritale
n'est pas en usage chez nos voisins d'outre-Manche; la
femme anglaise contracte bien plutôt comme mandataire,
comme instrument de son mari, qu'en son nom propre.

Enfin, dernière conséquence de son annihilement, la
femme est incapable de disposer par testament. Celui
même qu'elle a fait avant son union n'est plus valable.

Tel est le droit pur et strict de l'Angleterre. Mais en
fait il est juste de dire qu'il est rarement appliqué et
que les *cours d'équité*, remplissant un rôle analogue à celui

du préteur romain, ont inventé de nombreux moyens pour tromper la rigueur de ces principes. Ainsi la *common law*, qui prohibe l'aliénation des immeubles de la femme, a été tournée très-habilement par une subtile fiction qu'il serait trop long de rapporter ici : qu'il me suffise de constater qu'on a été insensiblement conduit à conférer au mari la faculté de vendre les immeubles avec la seule adhésion de sa compagne. En résumé, grâce à l'intervention et aux efforts des *cours d'équité*, la femme a une personnalité distincte, elle a des biens en propre qu'elle administre et dont même elle dispose. Rien ne l'empêche de contracter avec son conjoint; bref, elle est avec lui sur un pied de complète égalité.

Le douaire, qui avait été introduit autrefois comme compensation à la situation précaire faite à la femme, commença à tomber en désuétude, à mesure que les *cours d'équité* s'efforçaient d'y remédier.

La législation conserve pourtant des traces indélébiles de son origine féodale. Ainsi la fille est exclue par le fils de l'hérédité paternelle; il est interdit à la femme mariée de faire son testament; si le mari tue sa femme il est puni comme le serait tout individu; au contraire la femme coupable de meurtre sur la personne de son mari subit la peine des régicides.

RUSSIE.

Jusqu'au XVII<sup>e</sup> siècle, la femme russe était aussi sévèrement recluse que dans les harems de la Turquie. Elle était soumise à une tutelle perpétuelle : la jeune fille affranchie par la mort de son père, l'épouse par la mort de son mari, retombaient sous la tutelle d'un frère, d'un parent, ou, à leur défaut, sous la puissance de l'Église.

Le christianisme étroit du Bas-Empire avait amené cette infériorité du sexe. Pendant des siècles on répandait dans la Russie cette traduction en langue du pays d'un texte assez célèbre de Cosmas de Chalcédoine : « Croyez les sages, qui disent que la femme ne doit pas s'aviser d'en remontrer à son mari. Elle doit se taire et lui être soumise. Adam a été créé le premier, Ève seulement après, et le Seigneur lui a dit : « Tu seras gouvernée « par ton mari, tu travailleras par ses ordres, tu lui « obéiras tous les jours de ta vie. » Les femmes seront sédentaires, obéiront à leurs maris *comme l'esclave obéit à son maître*. Le chef de l'homme c'est le Christ, le chef de la femme c'est son mari. Le mari n'a pas été créé la chose de la femme, mais la femme a été créée *la chose* de l'homme. La femme ne peut donc élever la tête plus haut que son mari sans outrager le Christ. » Combien de dames françaises, et des plus pieuses, outragent le Christ sans s'en douter !

« Au fond du térem (appartement supérieur de la maison), raconte M. Domachnyi, enfermée sous vingt-sept serrures, la femme doit surveiller ses serviteurs et ses servantes et travailler de ses propres mains : elle doit obéir à son mari, à qui on recommande, si besoin est, de la ramener à l'obéissance, de ne point se servir *de gourdins trop gros ni de bâtons ferrés.* »

Pierre le Grand, en élevant au trône une ancienne vivandière de ses armées, tira les femmes de leur asservissement. L'impératrice Catherine, dominée par son passé, chercha à détruire les anciennes mœurs, et, malgré quelques résistances, les Russes cédèrent à cette influence qui venait de si haut.

Les réformes féminines de Pierre le Grand et de Catherine ont reçu la consécration du temps : la femme russe de nos jours participe aux travaux et aux bénéfices de la vie sociale. Dans le mariage chacun des époux est libre de disposer de ses biens personnels, de les hypothéquer, etc., sans la permission de son conjoint (art. 84, Code russe). Enfin l'article 86 du même Code permet toute espèce de contrats entre époux.

# PROJETS DE RÉFORMES

Il ne s'agit pas ici de révolution, mais de l'œuvre
éternelle et continue du progrès.

LEGOUVÉ. (*Histoire morale des femmes.*)

J'ai, dans la deuxième partie de ma thèse, commenté
et expliqué les théories du Code civil ; plus d'une fois
j'ai donné des solutions que je croyais conformes à son
esprit et à son texte, bien qu'elles me parussent contraires
à l'équité naturelle. Il serait en effet d'un mauvais jurisconsulte de substituer aux décisions de la loi celles que
lui dicte son propre jugement : il n'y a pas de raison
plus raisonnable, d'équité plus équitable, que la raison et
l'équité de la loi ; j'ai cherché à éviter cet écueil en
restant toujours étroitement attaché aux dispositions du
Code.

J'ai signalé dans l'Introduction les vices de notre législa-
lation en ce qui concerne la femme mariée ; je voudrais,
avant de terminer, passer en revue les réformes qui ont
été proposées et développer en quelques mots celles que
moi-même j'offre au bienveillant examen de mes juges.

Cherchons d'abord ce que d'autres, nos maîtres dans
l'art d'écrire et dans la science du Droit, ont pensé à ce
sujet.

I

Un des plus éminents professeurs de notre École, M. Duverger, a consacré à cette question une série d'études étincelantes d'érudition et de finesse, qui m'auraient convaincu si j'avais pu l'être.

« La loi politique ne doit pas imposer aux femmes des devoirs qui les détourneraient de leur mission naturelle dans la famille et dans l'État.

La loi civile ne doit pas porter atteinte à la subordination naturelle de la femme dans le mariage. »

Tels sont les principes que défend chaleureusement M. Duverger.

Je n'ai pas à traiter de la condition politique des femmes; je passerais immédiatement à la discussion du second principe si M. Duverger n'avait laissé inachevée cette partie de son travail; les douloureux événements de la guerre l'ont surpris avant qu'il l'ait terminé. Je regrette vivement ce contre-temps, car j'aurais été heureux de reproduire ici sa doctrine, dont je ne puis donner qu'une courte analyse.

M. Duverger n'invoque pas contre la femme l'*imbecillitas*, la *fragilitas sexus*, il est trop sage pour se servir d'un semblable argument; mais ce qui le détermine, c'est le respect dû au mari, c'est la puissance maritale. Aussi il se contente de demander seulement quelques modifications dans le système législatif du Code.

Plus tard je tâcherai de réfuter ses conclusions; je commence par tirer un argument de la première partie de son livre et je dirai à mon savant maître : Vous avez fait l'éloge le plus magnifique et le plus mérité des femmes de l'antiquité, des Esther, des Aspasie, des Égérie, des Lucrèce, etc..... Ces femmes, quoique privées de toute espèce de droits, eurent, vous le reconnaissez, les influences les plus heureuses sur les hommes et sur les destinées de leur pays : eh bien ! quels résultats immenses n'aurait-on pas obtenus si toutes les femmes avaient été ainsi mêlées à la vie sociale et politique, si ce que quelques-unes ont accompli par hasard, dans un cas fortuit, toutes avaient pu l'exécuter librement, au grand jour, par suite de leur droit et de leur capacité légale !

## II

Dans un ouvrage brillant, mais rempli de paradoxes et de creuses rêveries, *la Réforme sociale en France*, M. Le Play, ancien conseiller d'État sous l'Empire, s'élève avec vivacité contre les mariages d'intérêt. « On signale ostensiblement, comme un titre à la considération publique, la fortune apportée par la femme, et les *espérances* que les époux fondent sur la mort des parents......... Chaque jour des familles recommandables concluent en quelques instants un mariage comme elles feraient un marché, en saisissant l'occasion : et cette assimilation n'a rien d'exagéré, puisque l'on constate seulement la convenance réciproque des biens, sans avoir aucun moyen d'apprécier celle des goûts et des caractères..... Il suffit d'ouvrir les yeux pour apercevoir chez nous leurs conséquences habituelles, la mésintelligence des époux, les mauvais exemples donnés aux enfants, la souillure et l'abandon du foyer domestique. » (P. 274.)

M. Le Play propose un remème souverain : la jeune fille se mariera sans dot; tout au plus elle apportera un trousseau et quelque argent pour les dépenses indispensables lors d'une entrée en ménage.

Les fils hériteront de la fortune paternelle : la fille exclue de l'hérédité trouvera auprès d'eux asile et protection. Que si les enfants mâles n'ont rien recueilli dans l'hérédité paternelle, M. Le Play n'est pas embarrassé : il leur impose la charge de subvenir à l'entretien de leur sœur et de la marier convenablemen'

Épouse, elle jouira en communauté des biens de son mari.

La femme n'ayant pas de patrimoine, il ressort de là que l'autorisation maritale serait implicitement supprimée.

Les mariages d'intérêt ne datent pas d'hier. Déjà à Rome ce fléau menaçait la société et la famille.

Ecoutez ces vers mordants de Térence, le charmant comique latin :

> Primum indotata est. Tum præterea, quæ secunda ei dos erat
> Periit : pro virgine dari nuptum non potest.
>
> *Adelphes*, acte iii, sc. ii.

Elle n'a pas de dot, telle est la première objection contre une jeune fille ; ensuite, mais sans y apporter grande attention, on relève ce léger inconvénient qu'elle a été déshonorée.

Le mal a progressé de siècle en siècle ; de nos jours, en

France, il est devenu un véritable péril social, et la comédie, la littérature ont beau jeu pour flageller les instincts cupides des hommes.

Je suis loin d'approuver les mariages d'intérêt; je suis persuadé que principalement l'amour du lucre nous a conduits à l'état d'abaissement où nous sommes tombés; je le dis hautement, car ce n'est pas en cachant soigneusement à tous les yeux les plaies qui nous dévorent qu'on parvient à les guérir, c'est plutôt en les découvrant hardiment et en y portant le fer rouge du mépris et de la réprobation publique. Le fameux mot *Enrichissez-vous!* a causé plus de mal que l'invasion étrangère. L'invasion passe et s'oublie, ses traces matérielles s'effacent, mais le sens moral égaré ne se retrouve jamais !...

Certes, je le répète, les mariages d'argent, ce honteux trafic de l'homme qui se vend et de la femme qui achète un mari, soulèvent le cœur de dégoût. Mais le remède de M. Le Play serait encore pire que le mal. Quoi! les priviléges que l'ancien Droit avait attachés à la masculinité seraient rétablis! On croit rêver en lisant de pareilles théories, on est saisi de douleur en voyant un beau talent mis au service d'une si déplorable cause.

Non, jamais le législateur ne reviendra sur ces lois d'égalité que nous devons à l'Assemblée Constituante, rien ne prévaudra jamais contre elles.

Faut-il donc se résigner aux mariages d'argent? qu'opposera-t-on au torrent qui monte et qui finira par entraîner dans l'abîme notre institution la plus sacrée, la famille?.....

« La digue éternelle des mauvaises passions, répond

noblement M. Duverger, la morale. Mais la morale est, chaque jour, plus attaquée !...

« Chaque jour aussi elle est et sera mieux défendue........ L'enseignement et la pratique des vérités morales, dans la famille, sont incompatibles avec les mariages d'intérêt. » (P. 9.)

### III

« Il est un principe longtemps méconnu, mais hautement proclamé par la science contemporaine, c'est qu'il n'est pas au pouvoir du législateur de dénier à un être humain le libre exercice des facultés dont l'a doué la nature, pourvu qu'il en fasse un honnête usage. La loi positive méconnaît ce principe, lorsqu'elle ferme à la femme telle ou telle avenue dans le vaste champ du commerce et des transactions civiles. Elle viole les principes et se contredit elle-même, lorsque, après avoir reconnu à la femme le titre et les droits de propriétaire, elle la dépouille de son crédit, qui est un des avantages légitimes et un des éléments essentiels de sa propriété. On répondra peut-être que les femmes n'ont point à se plaindre : car, si la loi les prive de leur crédit, c'est précisément par intérêt pour elles et de crainte qu'elles n'en abusent à leur propre détriment. Loin de nous ce détestable sophisme à l'aide duquel on a justifié tous les esclavages ! Ce n'est pas seulement un droit, c'est un devoir pour chaque homme de tirer le meilleur parti possible de toutes les forces physiques ou morales dont Dieu l'a doué, et les lois qui le condamnent à laisser quelqu'une de ces forces inertes et stériles, sont toujours, quelque prétexte qui les colore, des lois injustes et funestes. » (*Etude sur la condition privée de la femme,* p. 518.)

Après cette page si éloquente, M. Gide s'arrête effrayé et recule devant les conséquences immédiates de la doctrine qu'il a émise. Il déclare même bientôt : « Que la femme doive être soumise à l'homme qui est tenu de la protéger, c'est là un principe de morale consacré par le consentement de tous les peuples, un de ces axiomes primordiaux qui sont au-dessus de toute attaque. » (P. 528.)

Cependant M. Gide reconnaît qu'il y a bien des imperfections dans notre loi française, et il veut y introduire trois importantes modifications :

1° La spécialité de l'autorisation est supprimée.

2° La femme dont le mari est absent ou incapable est affranchie de toute autorisation.

3° La femme qui a traité sans autorisation est privée de l'action en nullité qui n'est accordée qu'au mari.

Tel est le programme du savant professeur, auquel j'applaudis de toutes mes forces. Il y a quarante ans personne n'aurait eu l'idée de détruire l'*admirable harmonie* du Code civil : avec le temps les hommes les plus éclairés se sont aperçus qu'il y avait bien des réformes à tenter; mais beaucoup, comme M. Duverger, hésitent à porter une main téméraire sur le Recueil de nos lois; d'autres plus hardis, M. Gide est du nombre, cherchent déjà les moyens d'une amélioration sensible à la condition de la femme.

Malheureusement ce ne sont que des demi-mesures, qui, j'en ai peur, n'auraient pas grande efficacité. Et même, M. Gide ne se froissera point si je la lui signale, je remarque une légère contradiction à laquelle il s'est laissé entraîner. Il déclare d'abord la puissance maritale un pouvoir au-dessus de toute discussion : il faut que la femme soit subordonnée à l'homme; puis il propose de supprimer la spécialité de l'autorisation, c'est-à-dire de permettre au mari d'abdiquer plus ou moins son pouvoir, ce que précisément il a proclamé impossible. De deux choses l'une, ou la puissance maritale est un principe fondamental de la morale et de la raison, alors l'homme ne pourra pas y renoncer, ou elle n'est qu'une disposition arbitraire de notre législation; dans ce cas supprimez-la entièrement, si les abus en sont démontrés.

## IV.

Un illustre écrivain, dont le cœur n'a d'égal que l'esprit, s'est ému des humiliations dont la femme est abreuvée, de son incapacité quant à ses biens et de son infime situation juridique. Après avoir exprimé en termes touchants son indignation contre le despotisme marital, il conclut en présentant un ensemble de réformes très-ingénieuses que je résume en quelques lignes :

Il y aura dans le méuage trois patrimoines distincts : celui du mari, celui de la femme, celui de la communauté composé de sommes égales prélevées sur les biens de chacun des conjoints.

Le patrimoine du mari est, bien entendu, administré par lui; quant à celui de la femme, voici le règlement nouveau auquel il serait assujetti : « Un fait a toujours frappé les hommes qui réfléchissent, c'est qu'il n'y a pas de majorité pour l'épouse; la femme, après vingt ans de mariage est aussi mineure que la jeune fille qui entre en ménage à dix-huit ans.

La justice et le bon sens s'élèvent contre cette loi : il faudrait que le mari, au début de l'union, fût nommé il est vrai gérant des biens personnels de la femme, mais avec obligation de lui remettre cette gérance au bout de cinq ans ; ces cinq ans, il les emploierait à l'initier au gouvernement de ses propres affaires, à lui enseigner l'administration de sa fortune, elle serait élève et non subalterne, il serait éducateur et non pas maître. » (*Histoire morale des femmes.*)

La communauté serait administrée par le mari, sous le contrôle d'un conseil de famille composé de parents et d'amis. Ce conseil aurait le droit de mander devant lui l'époux prévenu de malversations ou d'incapacité, et si l'enquête révélait l'existence des griefs reprochés au mari, la gestion serait confiée à la femme.

Que si l'on désapprouve cette immixtion d'étrangers dans les affaires du mari, il est facile de dissiper tout scrupule en montrant le tuteur soumis à la surveillance du subrogé-tuteur et du conseil de famille chargé de défendre les intérêts de pupille. Dans la tutelle, cette mesure de protection est admise sans difficulté ; pourquoi la rejeter dans le mariage?

Enfin, ce même conseil de famille serait le protecteur de la personne de la femme.

## V

Comme on le voit, M. Legouvé est bien plus radical dans ses tentatives de réforme que M. Gide : si le système de l'illustre académicien passait dans notre Code, un pas immense serait fait dans la voie du progrès ; mais le législateur, absorbé par la triste politique, demeure sourd à toutes réclamations.

J'essayerai aussi, devant les jurisconsultes éminents qui seront mes juges, d'élever ma faible voix en faveur de cette créature dont le quasi-esclavage subsiste encore à notre époque de lumière et de liberté.

Je demande :

Que le mari n'ait pas seul l'administration des biens de sa compagne ; qu'il ne puisse disposer à son gré du mobilier du ménage ;

Que la femme cesse, en ce qui concerne la tutelle et les conseils de famille, d'être assimilée aux mineurs, *aux imbéciles et aux condamnés à une peine infamante ;*

Que l'adultère du mari, accompli au dehors de la maison conjugale, soit puni aussi sévèrement que l'adultère de la femme ;

Que la mère, aussi bien que le père, ait autorité sur les enfants ;

Que son consentement soit indispensable pour leur mariage.

Que l'épouse survivante prenne, s'il y a des enfants du mariage, l'usufruit d'une portion héréditaire égale à celle de chacun des enfants ; et, si l'union a été stérile, la moitié en usufruit du patrimoine du défunt ;

Spécialement et quant à la matière qui fait l'objet de cette thèse, je demande la suppression absolue de l'autorisation maritale.

C'est seulement sur ce dernier point que je porterai ma discussion.

Trois objections peuvent être formulées :

Je ne prends pas la peine de réfuter celle qui consiste à arguer de la faiblesse intellectuelle de la femme. Dans l'Introduction j'ai suffisamment démontré que la femme, comme esprit, comme talent, comme qualités, valait bien l'homme ; je n'insiste pas : il est inutile de faire une réponse sérieuse à une objection qui ne l'est pas.

Elle ignore le droit, telle est la deuxième objection.

Écoutez la maligne réplique de M. Gide : « Mais l'ignore-t-elle plus que les milliers de citoyens français qui, à la honte de notre civilisation, n'ont jamais mis le pied dans une école ? faudra-t-il exiger pour condition de la capacité civile, la garantie souvent, hélas ! bien illusoire, d'un diplôme universitaire ? Les femmes, je le veux encore, n'ont pas l'expérience des affaires ; mais à qui la faute, si ce n'est à ceux qui leur interdisent de s'en mêler ? Si la capacité civile ne devait venir qu'après l'expérience des affaires, à quel âge l'homme lui-même pourrait-il enfin sortir de minorité ? » (*Loc. cit.*)

Enfin la dernière, la plus grave objection, celle qui a arrêté des hommes sages comme MM. Duverger et Gide, c'est celle tirée de la puissance maritale et de la nécessité d'une direction unique dans le gouvernement du ménage.

Pour moi je ne vois vraiment pas la nécessité d'un chef dans la communauté.

Dans toutes les associations industrielles, commerciales, la loi respecte la liberté des contractants, n'ordonne la subordination d'aucun des associés ; la distribution des fonctions a lieu d'un commun accord, par *consentement mutuel,* en raison des aptitudes de chacun. La division des rôles et la détermination des droits respectifs que cette division implique, ne peuvent-elles pas être dans le mariage, aussi bien que dans toute association volontaire, l'objet d'un arrangement préalable et librement consenti? L'expérience prouve que la marche des associations de ce genre, loin de défaillir, est des plus prospères.

Dans le monde des affaires il se fonde fréquemment des sociétés en nom collectif, à la tête desquelles se trouvent deux, trois, quatre administrateurs : est-ce que ces sociétés ainsi administrées périclitent? Pas du tout; une entente cordiale, bien plus, une étroite amitié, règne entre les associés, et si, par hasard, le désaccord survient, la dissolution est là comme suprême ressource, dissolution qui, dans notre hypothèse, serait la séparation de corps, je n'ose dire : le divorce. Pourquoi n'en serait-il pas de même dans l'union des deux époux? Pourquoi le mari est-il le maître absolu dans son ménage?....

C'est même contre cet absolutisme du pouvoir marital que je m'élève avec le plus d'énergie. Quoi de plus horrible en effet que cette tyrannie domestique! Le bourreau sans cesse face à face avec sa victime, est mêlé à tous les détails de sa vie, et presque toujours sévit impunément, parce qu'il sévit lâchement dans l'ombre, car l'infortunée préfère subir son martyre en silence plutôt que de révéler au public l'infamie de celui dont elle porte le nom.

Dans votre système, me dira-t-on, la femme ayant sur la communauté un pouvoir égal à celui du mari, se jettera dans des dépenses folles, dans des entreprises hasardeuses où elle dissipera le patrimoine commun sans que le mari ait désormais la faculté d'intervenir !....

Je répondrai d'abord que même sous l'empire du Code, la femme séparée de biens a les pouvoirs très-étendus sur ses revenus et sur son mobilier; rien ne l'empêche d'en disposer à sa guise, et cependant l'on a rarement constaté qu'elle abusât de la capacité qui lui était laissée.

Et puis les articles 517 et suivants sont-ils donc abrogés? son mari lui fera nommer un conseil judiciaire qui, l'assistant dans toutes ses opérations, mettra un frein à ses prodigalités. Sous le coup de cette menace, la femme se gardera bien de gaspiller la fortune que la loi lui confie.

## VI

Ma tâche est achevée : avant de clore cette étude, qu'il me soit permis de m'excuser de ma témérité; peut-être ai-je trop vivement attaqué certaines dispositions de notre Code, mais c'est que j'avais au fond de l'âme le sentiment d'une révoltante injustice et le violent désir de la voir réparée.

Me suis-je trompé dans mes appréciations? Je ne sais. Si j'ai eu tort, si je me suis laissé séduire par de vaines chimères, j'en demande pardon à ceux qui me liront; mon intention était droite, ma conviction sincère : avec cela on peut faire un piètre livre, jamais une mauvaise action.

J'ai foi dans l'avenir. Il a fallu des siècles pour produire le principe d'égalité des Français devant la loi, qui soutient toute notre constitution politique ; l'idée de l'affranchissement des noirs ne date que de cinquante ans, elle est déjà réalisée dans la plupart des colonies européennes.

De même le problème de l'émancipation de la femme, tourné tant de fois en dérision, a fini par préoccuper les esprits les plus sérieux : nous n'en sommes encore qu'à la préface, devant nous se dressent les intérêts, les superstitions, les préjugés ; mais nos fils s'étonneront, j'en suis sûr, de la résistance opposée par leurs ancêtres à une solution utile, équitable, rationnelle, et ils ne retarderont plus le triomphe de cette belle maxime aujourd'hui méconnue : *Le droit prime la force.*

C'est là mon espoir et mon vœu le plus ardent.

# POSITIONS

---

## DROIT ROMAIN.

I. — L'origine de la *manus* remonte à l'enlèvement des Sabines.

II. — La *coemptio*, moyen d'acquérir la *manus*, n'était pas un acte réciproque : la femme n'était pas censée acheter son mari comme celui-ci était censé acheter sa femme.

III. — C'est à tort que l'on a prétendu que la *manus* ne produisait pas d'effets sur la personne de la femme.

IV. — A la dissolution de la *manus*, la dot reçue par la femme n'était pas restituable par son époux.

V. — La femme pubère ne peut être en tutelle légitime que lorsqu'elle succède *ab intestat* à son père.

## DROIT COUTUMIER.

I. — Le motif de l'incapacité légale de la femme est l'intérêt de la famille et de la bonne administration du ménage.

II. — La nullité résultant du défaut d'autorisation de la

femme, n'est pas, comme on le prétend généralement, absolue; elle n'est que relative.

## DROIT FRANÇAIS.

I. — La femme n'a pas besoin d'autorisation pour demander la nullité de son mariage.

II. — L'obligation contractée par la femme séparée de biens pour une cause étrangère à l'administration de son patrimoine est exécutoire sur ses revenus et sur son mobilier.

III. — Lorsque la femme a le droit d'administrer ses biens et d'en percevoir les revenus, le mari n'a pas sur ces actes un droit de surveillance et de contrôle.

IV. — Lorsque le mari a l'administration et la jouissance des biens propres de sa femme, est parfaitement licite dans un legs ou une donation la condition qui prive le mari de tout droit sur les biens provenant de cette libéralité.

V. — Le mari pourvu d'un conseil judiciaire autorisera valablement sa femme sans l'assistance de son conseil et sans l'intervention de la justice.

VI. — L'autorisation maritale ne peut être donnée postérieurement à l'acte pour lequel la femme en a besoin.

VII. — Les contrats entre époux sont permis.

VIII. — Les contrats entre époux étant permis, c'est au mari qu'il appartient d'habiliter sa femme.

IX. — La justice ne pourra autoriser une femme mariée à embrasser la profession d'artiste dramatique.

X. — L'autorisation de la justice doit être antérieure ou concomitante à l'acte auquel elle s'applique ; postérieure, elle n'enlève pas au mari son action en nullité.

XI. — Les bénéfices, intérêts et capital, que fait la femme marchande publique mariée sous le régime dotal, ne reviennent point au mari ; il en résulte qu'il n'est pas tenu des engagements par elle consentis.

XII. — Le donateur ne peut exciper du défaut d'autorisation de la donataire pour révoquer sa donation.

XIII. — Les tiers qui ont contracté avec la femme incapable n'ont pas le droit de l'interpeller pour qu'elle ait à prendre parti et à choisir entre la nullité ou la validité du contrat.

XIV. — Le mariage étant une association volontaire qui a pour essence l'égalité des époux, il serait à propos de retrancher du Code civil le système relatif à l'autorisation maritale.


## PROCÉDURE CIVILE.


I. — Lorsque la femme demande l'autorisation de justice, c'est dans la chambre du conseil et non à l'audience publique que doivent se prononcer les plaidoiries, le rapport du juge, les conclusions du ministère public et même le jugement.

II. — La femme autorisée à ester en justice est valablement autorisée à employer toutes les voies de recours
ordinaires.

## DROIT COMMERCIAL.

I. — L'autorisation de la justice peut toujours suppléer
celle du mari, quand il s'agit pour la femme de faire le
commerce.

II. — Les actes passés par une marchande publique doivent être jusqu'à preuve contraire réputés étrangers à
son commerce, toutes les fois que leur propre nature
ne révèle point leur caractère commercial.

## DROIT CRIMINEL.

I. — Il serait d'une législation équitable d'assimiler complétement l'adultère du mari à celui de la femme.

II. — Le complice de l'adultère d'une femme mariée
qui, surpris par le mari, blesse ou tue celui-ci, n'est
pas dans un cas de légitime défense.

## DROIT DES GENS.

I. — C'est à l'occasion de la guerre de l'indépendance
américaine qu'ont été proclamés les principes de la
neutralité armée.

II. — Le système d'intervention établi par la Sainte-
Alliance a été ruiné par la doctrine de Monroë.

III. — L'inviolabilité de l'ambassadeur cesserait s'il avait pris les armes contre le gouvernement auprès duquel il est accrédité, ou s'il avait attenté à force ouverte à la vie d'une personne.

*Vu par le Président de la thèse :*
CH. GIRAUD.

*Vu par le Doyen :*
G. COLMET-DAAGE.

*Vu et permis d'imprimer,*
Le vice-recteur :
A. MOURIER.

PARIS. — IMP. JULES LE CLERE ET C¹ᵉ, RUE CASSETTE, 29.

PARIS. — IMPRIMERIE JULES LE CLERE ET C<sup>ie</sup>, RUE CASSETTE, 20